ちくま新書

アベノミクスが変えた日本経済

野口 旭
Noguchi Asahi

1316

アベノミクスが変えた日本経済【目次】

まえがき

民主党政権の崩壊を受けて、第二次安倍晋三政権が成立したのは、二〇一二年一二月のことである。「戦後レジームの総決算」を掲げていた第一次安倍政権とは対照的に、この政権が掲げたスローガンは、「経済最優先」であり、そして「デフレ脱却」であった。この政権は実際、直ちにデフレ脱却のための政策戦略の策定に着手した。それが、「三本の矢」からなるアベノミクスである。

その時から既に約五年が経過した。安倍政権はその間、政権を獲得した二〇一二年一二月のそれを含めて、五回の衆参選挙をすべて圧勝した。二〇一七年一〇月に行われた第四八回衆議院議員総選挙は、森友・加計問題の影響で内閣支持率が低下していたこともあり、与党の議席減が確実視されていたが、結果はやはり与党自民党の勝利であった。その盤石ぶりは、「安倍一強」と言われ、「安倍の次は安倍」と言われるゆえんである。

この第二次安倍晋三政権の強さと安定性は、いったい何に基づいているのだろうか。そのありうべき答えの一つは、やはり「経済」であろう。

二〇一七年一一月には、二〇一二年一二月から続いてきた第二次安倍政権下の景気回復が、一九六五年一一月から七〇年七月まで続いた「いざなぎ景気」を超えて、戦後二番目の長さとなった。同一一月にはまた、東京株式市場で日経平均株価が二万三千円を上回り、バブル期以来である約二六年ぶりの高値水準に到達した。その他にも、失業率等のさまざまな指標が、バブル期あるいはそれ以前の水準に戻りつつあった。

第二次安倍政権はこのように、日本経済を着実に回復させてきた。そうであるにもかかわらず、政権の看板であるアベノミクスに対する人々の評価は、不思議なほど低い。新聞等の世論調査などでは、「景気回復を実感している」と「していない」の回答比率は、ほぼ二対八くらいの割合になることが多い。

第二次安倍政権は明らかに、日本の政治史上でも最も安定した政権の一つである。にもかかわらず、その政権が最優先としてきた政策が、一般の人々からここまで低い評価を受け続けているのである。そうした事態が生じる理由の一つは、おそらくは経済というものに対する人々の「認識ラグ」にある。

本書が明らかにするように、経済学の論理を用いてさまざまなデータを確認する限り、アベノミクスは確かに、一九九〇年代以来の長期デフレによって縮小均衡に陥っていた日本経済を正常な成長軌道に引き戻すことに成功しつつある。アベノミクスはその意味では、既に十分「日本経済を変えた」といって差し支えないのである。

ところが、こうした経済の変化は、行きつ戻りつしながら徐々に進行していくものであるため、人々の「実感」にはリアルタイムではなかなか届きにくい。あの高度経済成長期でさえも、人々はその最中には「生活が少しも楽にならない」と文句を言っていたのである。経済にどのくらいの本質的な変化が生じたのは、後から振り返ってみてはじめて明らかになる。それは、この五年あまりのアベノミクスに関しても同様である。本書は、その真実を、論理とデータによって示す。

本書はさらに、アベノミクスからの「出口」をどう考えるべきかをも提示する。

このアベノミクスの五年間に、日本経済は確かに、正しい方向に向かって進み始めた。とはいえ、アベノミクスの目標であるデフレ脱却は、未だ完遂されてはいない。その意味では、現状で重要なのは、アベノミクスを粘り強く続け、それを確実に最後までやり切ることである。財政政策にしても金融政策にしても、デフレ脱却を達成しないままに中途半端な方向転換を試みても、よいことは一つもない。それはおそらく、「日本の失われた二〇年」で繰り返された失敗を再度繰り返すだけに終わる。

とはいえ、アベノミクスにもやがて、必ずその終わりがやってくる。というのは、デフレ脱却が完遂されれば、アベノミクスはその役割を終えるからである。それはおそらく、そう遠くはない将来のことである。そこで必要になるのが、アベノミクスからの「出口戦略」である。

この出口問題に関しては、とりわけアベノミクス批判派から、それが多大なリスクを伴うものであるかのごとく論じられることが多い。しかし幸いなことに、それらの大部分は、部分的に生じる事象を意図的に大げさに言挙げした「極端主義」的批判か、そもそも現実に起きる可能性がほとんどないような妄想の産物にすぎない。実際のところは、デフレ脱却という課題を達成することの困難さと比較すれば、出口のリスクなどは無に等しいのである。


本書は、筆者がこの十数年来続けてきたマクロ経済政策のあり方に関する研究から派生した、政策的時論である。本書の第2章は、科学研究費助成（課題番号16K03578、研究課題「経済危機におけるマクロ経済政策の理論と思想」）による研究成果の一部を利用している。本書の第3章から第5章は、筆者が時論を投稿しているニューズウィーク日本語版オフィシャルサイトの不定期コラム「ケイザイを読み解く」に主に依拠している。

本書の内容に関しては、数多くの方々から直接あるいは間接に示唆を受けている。とりわけ役立ったのは、『昭和恐慌の研究』（岩田規久男編、東洋経済新報社、二〇〇四年）の出版を目的とする共同研究の場として発足して以来、さまざまなメンバーが加わることで経済政策を論じる一大フォーラムとなった昭和恐慌研究会メーリングリストを通じた意見交換である。また、二〇〇三年から〇四年にかけてイェール大学への留学機会を提供していただいて以来、今日にいたるまでマクロ経済政策に関する共同研究を続けさせて頂いている浜田宏一イェール大学名誉教授には、常日頃のご教示に深く感謝したい。

二〇一七年十一月

野口　旭

第1章

アベノミクスとは何だったのか

1．アベノミクスが取り戻そうとしたもの

†第二次安倍晋三政権とアベノミクス「三本の矢」

時の首相であった野田佳彦がようやく解散を決断し、第四六回衆議院議員総選挙が行われたのは、民主党政権の政策運営が混迷を極めた末にまったくの袋小路に入り込んでいた二〇一二年一二月のことである。自民党と公明党はその選挙に勝利し、約三年三ヶ月ぶりに政権の座に返り咲いた。その時に自民党総裁であったのが、同年九月の自民党総裁選で大方の予想を裏切る勝利を収めていた元首相、安倍晋三であった。第二次安倍晋三政権はこうして誕生した。

その安倍を総裁とする自民党が、政権奪権のために二〇一二年一二月の総選挙に用いていたスローガンは、「日本を、取り戻す」であった。その時の政策パンフレット「Ｊ－ファイル二〇一二 総合政策集」によれば、そこで「取り戻す」対象とされてきたのは、まずは「ふるさと」である。つまりは、前年三月に起きた東日本大震災からの復興である。そして、その次が「経済」であった。

J－ファイル二〇一二には、その目指すところが、以下のように記されている。

「日本経済再生本部」を新たな司令塔に
「失われた国民所得五〇兆円奪還プロジェクト」を展開し、
「縮小均衡の分配政策」から
「成長による富の創出」への転換を図ります。
デフレ・円高からの脱却を最優先に、
名目三％以上の経済成長を達成します。

この経済政策指針は、第二次安倍政権が成立した後に、いわゆる「アベノミクス」として具体化された。それが、第一の矢＝大胆な金融政策、第二の矢＝機動的な財政政策、第三の矢＝民間投資を喚起する成長戦略という「三本の矢」からなる政策戦略である。この「アベノミクス」そして「三本の矢」という言葉は、それ以降、安倍政権の経済政策を指し示すトレードマークとなった。

この二〇一二年一二月時点の政策マニフェストで掲げられていた目標が、第二次安倍政権によるその後の政策運営によってどの程度まで達成されたのかの評価は、なかなか難しい。それはとりわけ、ここで最優先とされている「デフレからの脱却」についていえる。

確かに、アベノミクスの発動によって、日本経済は「マイナスのインフレ率の継続」という意味でのデフレ状況からは離脱することができた。しかしながら、安倍政権成立後の二〇一三年一月に政府と日銀が掲げた「二％インフレ率の達成」という目標は、政権が成立して四年そして五年が経過したのちにも完遂されることはなかった。

他方で、国民所得すなわち名目GDPは、政権成立前の二〇一二年の約四九五兆円から二〇一六年の約五三七兆円へと、約四〇兆円拡大した。そして、名目経済成長率は、二〇一二年の〇・七％から、二〇一三年一・七％、二〇一四年二・一％、二〇一五年三・二％、二〇一六年一・三％と、少なくともプラスを維持するようになった。また、二〇一一年から一二年には一ドル七〇円台の円高ドル安が定着していた為替レートも、二〇一四年以降は一ドル一〇〇円台から一二〇円台の間で変動するようになった。

実際のところ、第二次安倍政権の経済政策すなわちアベノミクスには、さまざまな障害に直面する中で生じた数多くの見込み違いがあった。しかしながら、これらの数字は、アベノミクスが少なくともそれ以前まで続いていた日本経済の「縮小トレンド」を反転させることには成功したことを示している。

†「失われた二〇年」以前の日本を取り戻すために

ところで、右の二〇一二年一二月時点の自民党政策パンフレットには、「縮小均衡の分配政策から成長による富の創出への転換を図ります」と謳われていた。これは直接的には、当時の民主党政権が「コンクリートよりも人への投資」をスローガンとし、経済成長よりも政府による所得分配を重視する政策スタンスを取っていたことに対する批判である。

この「分配政策」批判は、その後の安倍政権もまた、賃金引き上げを経営者団体に要請する、あるいは教育無償化を提起するなど、所得分配の適正化を指向するようになっていったことを考えると、多分に難癖的なものであったという感が否めない。

何よりも、この時期の国政における最大の課題は、与野党を問わず、前年に日本を襲った東日本大震災からの復興であった。そのことは当時の与党であった民主党も十分に認識しており、否応なしに「コンクリートへの投資」を進めざるを得なくなっていた。つまり、「人かそれともコンクリートか」は、そもそも正しい問題設定とはいえなかったのである。

振り返ってみると、この時の安倍自民党にとって、民主党批判などよりもはるかに重要だったのは、それまでの経済政策をどう変えていくかであった。より具体的には、「デフレと円高」を克服し、それまで続いていた日本経済の「縮小均衡」を覆し、三%に達するような名目経済成長を実現するためには、どのような経済政策が必要なのか、という問題であった。それは決して、民主党政権の分配偏重的な政策を批判しているだけでその答えが導き出されるような課題ではなかった。

そもそも、日本経済が「失われた二〇年」とも呼ばれる長期にわたる経済縮小の時代に入ったのは、バブル経済が崩壊した一九九〇年代初頭のことである。それから第二次安倍政権が成立するまでの二〇年以上の間に、多くの政権が誕生し、そして崩壊した。自民党はその間、一九九三年から九四年の細川護熙連立政権期と二〇〇九年から一二年までの民主党政権期を除けば、常に政権を担っていたのである。そこには、二〇〇六年九月から二〇〇七年八月までの短命に終わった第一次安倍政権も含まれていた。そう考えると、日本経済が長期にわたる「縮小均衡」に陥った責任の大部分は、明らかに民主党よりも自民党の方にあったといえる。

要するに、安倍政権が取り戻すべきであった経済とは、民主党政権以前のそれなどではなかった。その政権が真に取り戻すべきは、「失われた二〇年」と呼ばれる以前の、高い技術と比類のない勤勉によって世界の称賛を集めていた、かつての日本経済の姿であった。

バブル崩壊以前、すなわち一九八〇年代までの日本経済は、高い経済成長率と低いインフレ率と低い失業率の共存をできる限り実現させるというマクロ経済的成果においては、先進諸国の中で最も傑出した存在であった。その時代に日本経済が海外からどのように評価されていたかを象徴するのが、アメリカの社会学者エズラ・ヴォーゲルによる一九七九年の著書『ジャパン・アズ・ナンバーワン』（Vogel［1979］）である。ヴォーゲルはそこで、日本の急速な経済成長の基礎にあるのは、日本の一般的な庶民の持つ高い学習意欲であることを指摘したのである。

†バブル崩壊から一九九七年経済危機そして停滞

しかし、日本経済に対する諸外国からのこのような畏敬にも近い評価は、バブルが崩壊した後の一九九〇年代以降に、まさに一変した。そして、日本国内でも、バブルを背景に拡がっていた、日本の経済力に対する強い自信は、バブル崩壊後は急速に影を潜めた。それに取って代わるように、時を経るごとに強まっていったのが、日本経済に対する自虐的ともいえるほどの悲観論である。

それは、日本経済のその後の推移を振り返れば、無理からぬことではあった。というのは、バブル崩壊後の日本経済は、それまでとはうって変わって、低い経済成長率と高い失業率に悩まされるようになったからである。この苦難の時代は、やがて「日本の失われた二〇年」と呼ばれるようになる。

現時点から振り返ると、この日本の二〇年以上に及ぶ経済低迷期にも、いくつかの重要な政策的分岐点があった。とりわけ決定的であったのは、バブル崩壊後の不況からの回復を過信して行われた一九九七年四月の消費税増税であった。この早まった増税は、ようやく回復しつつあるかのように見えた日本経済を、まさに奈落の底に落としたのである。

最も深刻だったのは、消費税増税を契機に生じた景気後退が、バブル崩壊後に十分に処理されないまま糊塗されていた金融機関の不良債権を一気に表面化させたことである。その結果、一九九七年秋から一九九八年にかけて、日本経済は戦後最悪の金融危機に陥った。その中で、大手も含む数多くの企業や金融機関が破綻した。

この一九九七年の経済危機は、結果として、その後の日本経済を真の意味での「縮小均衡」に向かわせる、一つの大きな分水嶺となった。日本の完全失業率は、一九八〇年代までは、どのような不況でも三%を越えることはほとんどなかった。それはバブル崩壊後直後も同様であり、少なくとも一九九〇年代前半までは、日本の失業率は二%台に留まっていた。しかし、この一九九七年の経済危機以降、日本の完全失業率は断続的に上昇し、遂には五%を越えるにいたったのである。

†若年層に集中した雇用悪化の影響

その不況による雇用状況悪化のしわ寄せは、とりわけ新卒の若年層に集中した。それは、不況下の雇用調整を日本企業が長らく制度的慣習としてきた終身雇用制を維持しつつ行うためには、正社員を解雇するのではなく、新卒者の正社員採用を抑制するほかはないからである。

企業はそれ以降、景気が回復し、従業員を新たに採用することが必要になった場合でも、正規雇用よりはまずは非正規雇用によってそれを充足しようとするようになった。それは何よりも、非正規は正規に比べて、賃金を含む雇用コストが企業にとって格段に安いからである。さらには、再び景気が悪化した場合でも、非正規雇用者であれば正社員よりも解雇がはるかに容易だからである。

これは、この時代の若者たちの多くにとってみれば、賃金も低く将来の雇用継続も不確実な非正規雇用という立場での就労を、不本意ながらも受け入れざるを得なかったことを意味する。その原因はひとえに、不況の継続による雇用状況の悪化にあった。

一九九〇年代後半以降の日本経済は、不況の長期化によって、企業の労働需要が減少し続けるようになっていた。その結果、労働市場は次第に買い手市場化していった。そのような状況では、労働市場において必然的に雇用条件を切り下げようとする圧力が強まっていく。結果として、正規雇用からはじき出されて不本意にも非正規雇用に甘んじ続けるような若年就労者がますます増えていったのである。

こうして生み出された若年の低賃金就労者たちは、その後はしばしばワーキング・プアと呼ばれるようになった。そして、この受難の時代の若者たちの世代は、その後はロスト・ジェネレーションと呼ばれるようになった。彼らの存在はやがて、「分厚い中間層に支えられた平等な社会」という、日本の経済社会に対するそれまでのイメージを覆すまでにいたるのである。

日本の経済論壇では、とりわけ一九九〇年代末以降、「経済格差問題」が大きな焦点となっていく。その場合の格差とは、第一に、高度成長期からバブル期にいたる日本の経済成長の恩恵を最も大きく受けた世代と、バブル崩壊後の「超氷河期」と呼ばれる就職困難な時代に社会に出たより若い世代との間の、世代間格差である。第二に、このロスト・ジェネレーションと呼ばれる就職難世代の中での、正規と非正規との間の世代内雇用格差である。

この就職難世代を焦点とする経済格差の拡大は、単にその層を経済的に困窮させただけに留まらず、日本社会の将来展望そのものをきわめて暗いものにせずにはおかなかった。

図表 1-1：日本の人口ピラミッド（平成 27 年 10 月 1 日時点）

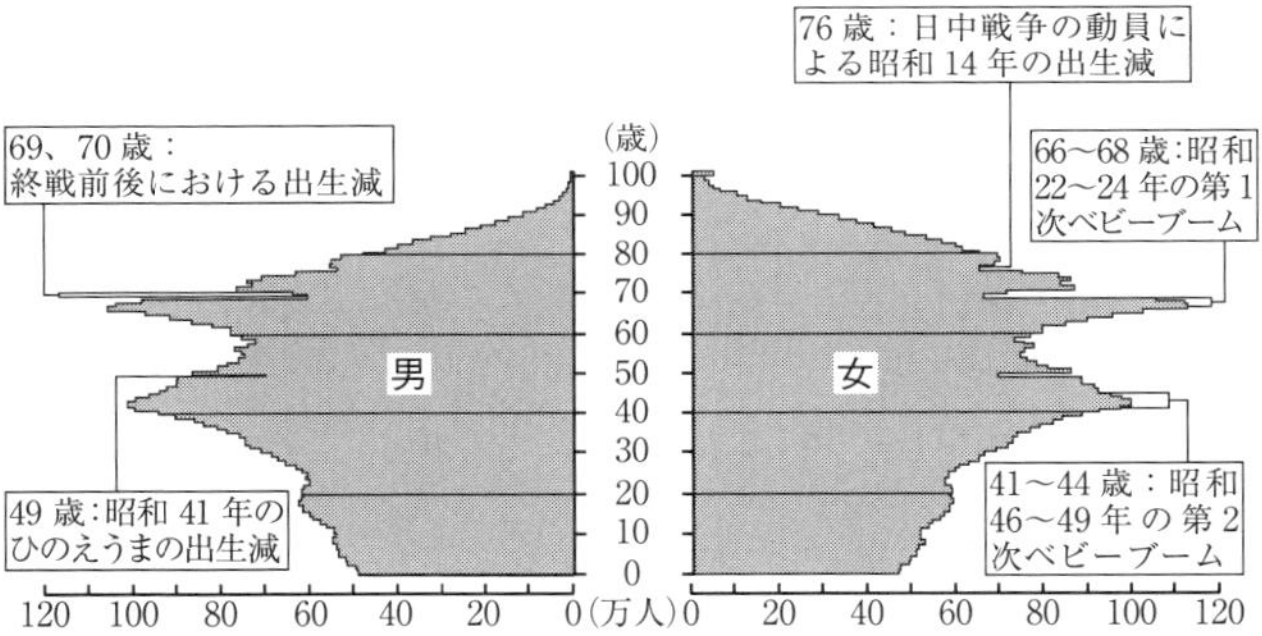

（出所）総務省統計局ホームページ『日本の統計 2017』第 2 章「人口・世帯」

というのは、その若年就労者の所得低下は、出生率の動向などから一九八〇年代には既に明確になっていた日本社会の少子高齢化をより一層強めるように作用したからである。

上述のように、ロスト・ジェネレーションと呼ばれる層の一つの特徴は、就労者の中での非正規雇用の比率がきわめて高いという点にあった。彼らの多くは、年功による賃金上昇の機会を持たず、どのように長く働いても最低賃金程度に甘んじ続けるしかないような、いわゆるワーキング・プアである。そのため、彼らはそもそも、結婚を望んではいても、経済的にそれが不可能なことが多い。

また、仮に彼らが運良く結婚にまでこぎ着けたとしても、子育てのために十分といえるような所得を得ることはなかなかできない。

彼らの世代では、二人以上の子どもを十分満足に養育できる所得を確保できているような家計は、それほど多くはない。

つまり、ロスト・ジェネレーションの経済的な困窮は、日本の少子高齢化をいかに阻止すべきかが焦眉の課題となっていた時代に、少子高齢化をますます進行させるように作用したのである。

そのことは、日本の「人口ピラミッド」からも一目瞭然である（**図表1－1**）。そこには、二〇一五年時点で六〇歳台後半のいわゆる「団塊の世代」と、四〇歳台前半の「団塊ジュニア世代」という、二つ山が存在している。しかし、その次に存在すべき「団塊ジュニア世代」の山はほとんど存在していない。それは、一九九〇年代に新卒であったこの「団塊ジュニア世代」こそが、まさに典型的なロスト・ジェネレーションだったからである。

2. 縮小均衡に陥っていた日本経済

†停滞し続けた所得と賃金、悪化し続けた財政

以上のように、バブルが崩壊した一九九〇年代以降の日本経済においては、民主党政権が終わる二〇一二年頃にいたるまで、ほぼ二〇年にもわたる停滞が続いた。この長期経済停滞の時代に、日本経済は文字通り縮小均衡に陥っていた。その異常さは、その間の日本の所得の推移を他の先進諸国のそれと比較すれば明らかである。

日本以外の先進諸国の名目GDPは一九九〇年代以降も相応に拡大し、多くの国ではその後の二〇年の間にほぼ倍増あるいはそれ以上になっている。それに対して、日本の名目GDPのみは、その間にまったく停滞し続けていた（**図表1－2**）。

その差は、この時期に目覚ましい成長を遂げた新興諸国との間では、より一層大きくなる。あまりにも状況が異なるのでグラフによる比較は無意味であるが、中国にいたっては、その同じ二〇年間に、名目GDPが二〇倍程度まで増加しているのである。

同様な傾向は、その間の賃金動向においても確認できる（**図表1－3**）。アメリカとイギリスでは、一九九〇年からの二〇年間に、賃金水準がほぼ倍増している。ドイツやフランスでも、同時期に賃金が約一・五倍になっている。それに対して、日本のみが一九九〇年以降に賃金の伸びが顕著に停滞し、一九九七年頃からは低落さえしているのである。

九〇年代以降の日本経済のもう一つの特異性は、財政状況にある。その時期の日本の政府財政は、上述のような名目所得の停滞と、とりわけ一九九〇年代に頻繁に行われた景気

図表 1-2：主要国の名目GDPの推移（1990年を100とした指数、1990-2013年）

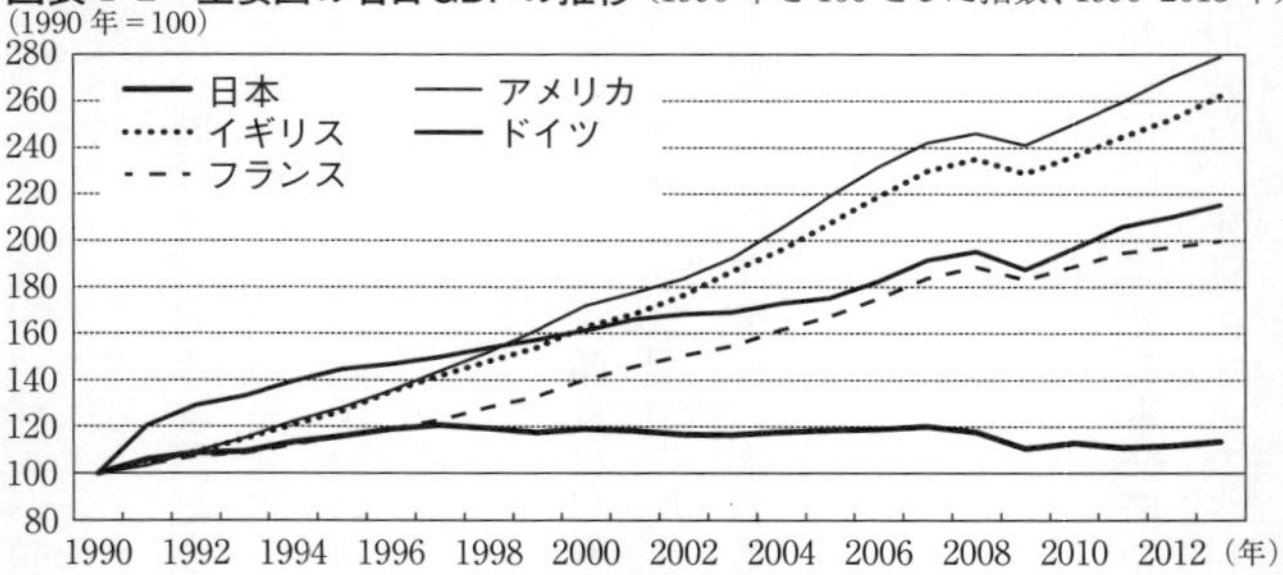

（データ出所）International Monetary Fund（IMF）データベース

図表 1-3：主要国の名目賃金の推移（1990年を100とした指数、1990-2013年）

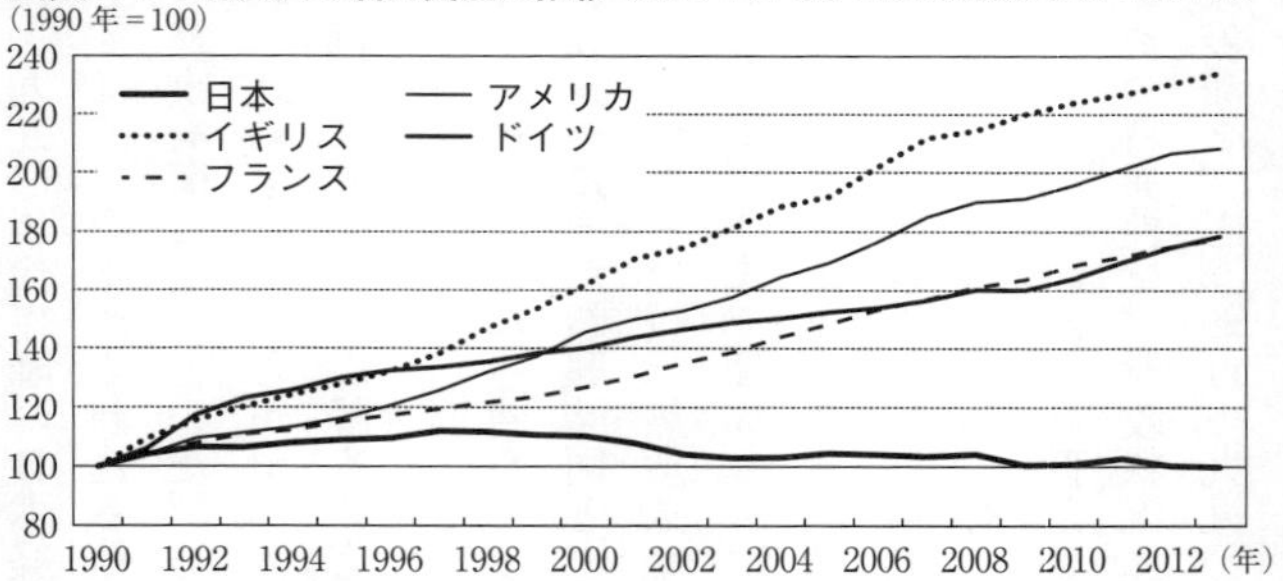

（データ出所）OECD データベース

図表 1-4：主要国の「政府総債務の対GDP比率」の推移（1990-2013年）

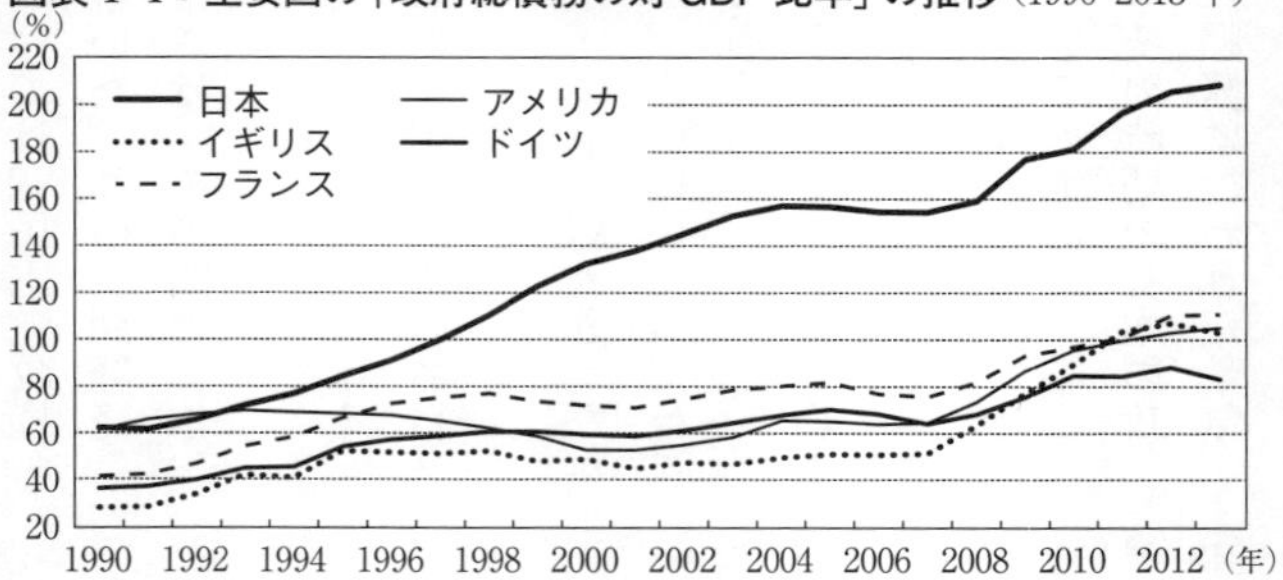

（データ出所）OECD データベース

回復のための財政出動によって、ほぼ一貫して悪化した。**図表1－4**は、政府総債務のGDPに対する比率の推移である。他の先進諸国のそれが、ほぼ横ばいあるいは緩やかに低下する中で、日本のそれのみが、一九九〇年代を通じて突出して上昇し続けた。

†根深く定着したデフレーション

日本経済は以上のように、他の先進諸国とはまったく異なり、一九九〇年代以降にほぼ継続的に縮小し続け、逆に政府債務のみは突出して増加し続けた。一九八〇年代後半から二〇〇八年のリーマン・ショックまでの時期の世界経済は、しばしば大安定（Great Moderation）の時代と呼ばれ、多くの国でインフレなき経済成長が実現されていた。そうした中で生じた日本経済の長期低迷は、きわめて特異なものであった。

この日本の長期経済停滞の原因については、後述のように、一九九〇年代末頃から、経済学者やエコノミストたちの間で、様々な論議がなされることになる。その論議の焦点の一つは「物価」にあった。

日本経済は、この時期以降、他のどのような国も一九三〇年代の世界大恐慌期以来まったく経験することがなかった、きわめて特異なマクロ経済状況に陥っていた。それは、デフレーション、すなわち継続的な物価下落である。

図表 1-5：主要国のインフレ率の推移（1971-2010 年）

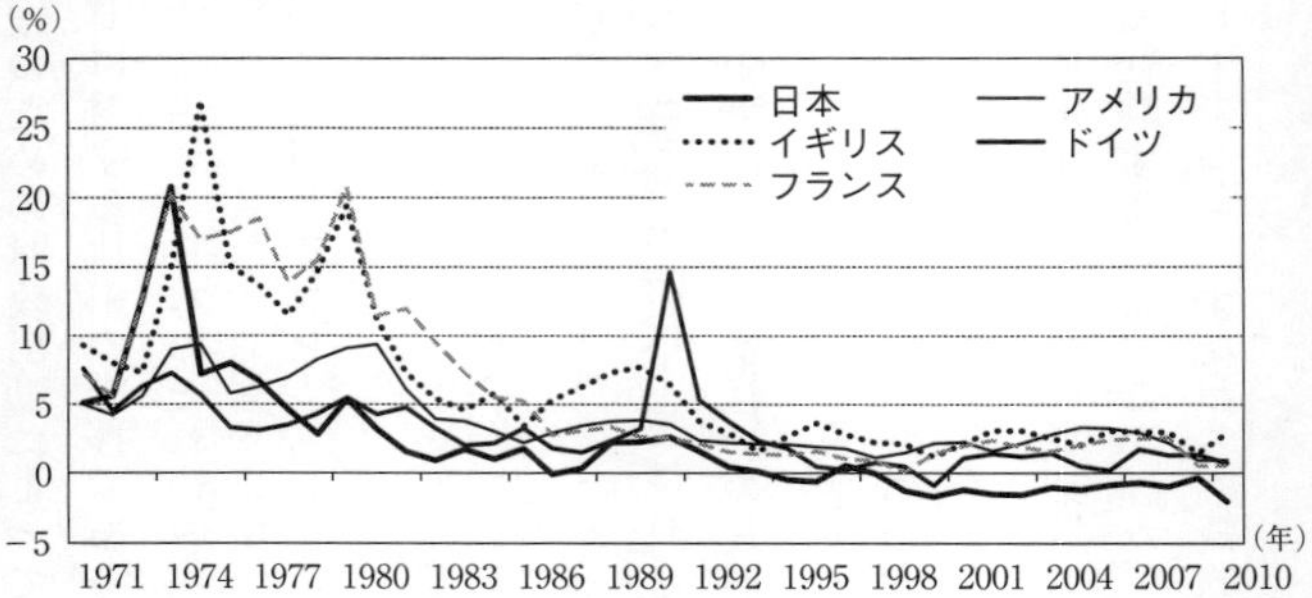

（データ出所）OECD データベース（1971-1980 年）、IMF データベース（1981-2010 年）

世界大恐慌が生じた一九二九年当時は、主要国の多くが、自国通貨と金との交換を保証する金本位制を維持していた。そのため、各国は不況期にも拡張的な金融政策を実行することができず、結果として深刻なデフレーションに陥った。

それに対して、中央銀行が政策的に貨幣供給を増減する管理通貨制度の下では、貨幣供給の拡大に対する制約が物理的には存在しない。つまり、中央銀行はその意思さえあれば、いくらでも貨幣供給を拡大することができる。そのため従来は、デフレーションが管理通貨制度の下で継続することはあり得ないと考えられてきた。実際、戦後の世界経済においては、過剰な貨幣供給による高インフレの実例は数多く見られたが、デフレはほとんど存在していなかった。

多くの国がインフレに悩まされていた一九八〇

年代までは、日本は「物価安定の優等生」と呼ばれていた。実際、**図表1－5**から明らかなように、一九七〇年代初頭の「狂乱物価」の時代を除けば、日本のインフレ率はほぼ恒常的に他の先進諸国よりも低く保たれていた。そうではあったが、少なくとも一九八〇年代までの日本経済は、低インフレではあっても、決してデフレではなかった。

その状況が変化したのが、一九九〇年代である。日本の物価上昇率は、バブルが崩壊した一九九〇年代初頭から低下し始め、九〇年代半ばにはインフレ率はほぼゼロとなった。しかしながら、当時の日本では、このような急速なインフレ率低下の危険性は、まったく認識されてはいなかった。それどころか、当時はむしろ、この状況が「価格破壊」として称揚されていた。後に経営破綻にいたる流通大手のダイエーが、その価格破壊の旗手として脚光を浴びたのは、まさにこの頃のことである。

日本経済のデフレ化を決定的なものにしたのは、一九九七年四月の消費税増税である。一九九〇年代前半の日本経済においては、バブルの崩壊に伴って、株価や地価といった資産価格の急速な下落が生じていた。当時これは「資産デフレ」と呼ばれていた。他方で、インフレ率の方は、徐々にゼロに接近していたとはいえ、まだマイナスにはなっていなかった。しかし、この消費税増税による景気後退と、それによって引き起こされた金融危機によって、日本経済は遂に物価が持続的に下落する真性のデフレーションに陥ることになる。

†デフレ許容的な日銀の政策対応

この一九九七年頃からアベノミクスが開始される二〇一三年頃までの約一五年間、日本経済はまさに「デフレの罠」の中でもがき続けることになる。しかしながら、デフレーションが生じた一九九〇年代末頃の日本においては、それが人々の経済生活にどれほどの困難をもたらすかは、一九九〇年代半ばの価格破壊の場合と同様に、政府や政策当局も含めて、きわめて不十分にしか認識されていなかった。

とりわけ問題だったのは、物価安定に第一義的な責任を負うべき日本銀行が、デフレに対して許容的なスタンスを取り続けていた点である。当時の日銀総裁であった速水優は、インフレ・ファイターであることを中央銀行の本義と考える旧来的な金融政策思想の持ち主であり、デフレが進行する中においてさえもデフレよりもインフレの方を懸念するような人物であった。

実際、当時の日銀は、デフレの危険性を指摘する一部専門家の指摘をまったく無視し続けた。日銀はそれどころか、デフレは技術革新による生産性上昇の現れであり、むしろ歓迎すべきものであるといった、この当時一世を風靡した「良いデフレ論」を積極的に主張していたのである。当時の日銀が、デフレにもかかわらずきわめて不十分な金融緩和しか行わなかったのは、その日銀の体質の一つの現れと考えることができる。

結局のところ、日銀のこうしたデフレ許容的な政策対応は、日本経済に深く根付き始めていたデフレをさらに克服し難いものにするように作用した。ITドットコム・バブルが世界的に崩壊した二〇〇〇年代初頭になると、日本経済は、デフレがデフレを呼ぶという、いわゆるデフレ・スパイラルの状況を呈し始めた。これは、物価の下落と実体経済の縮小とが相互に作用し合うことで、デフレによる生産と所得の減少が、あたかもらせん階段を転がり落ちるかのように相伴って進行していくことである。

デフレとは要するに物価の下落であるから、その部分だけを取り出せば、むしろ望ましいことのようにも考えられるかもしれない。というのは、仮に人々の所得が一定であるとすれば、物価が下落すればするほど、その所得で人々が購入できる財貨サービスの量は増加するからである。つまり、人々の実質所得は、名目所得が一定とすれば、物価の下落分だけ増加する。

しかしながら実際には、この「人々の名目所得が一定」という前提は、デフレ不況下ではほとんど成り立たない。不況期に物価が下落するのは、要するに財貨サービスに対する需要が減少しているからである。企業はその場合、需要の減少に合わせて生産を縮小するしかない。そしてそのためには、労働者を解雇するしかない。あるいは、労働者を雇用し続けるにしても、財貨サービスの価格低下に合わせて賃金を切り下げるしかない。つまり、物価が下落すれば、人々の所得も縮小していかざるを得ないのである。

実際、一九九七年の経済危機以降の日本経済では、物価の下落以上に賃金が低下し始めるようになった。結果として、日本の労働者の実質賃金は、継続的に低下していった。そうなれば、財貨サービスに対する人々の需要は、ますます縮小していくことになる。そして、それは必ず、さらなる物価と賃金の低下をもたらす。これがデフレ・スパイラルである。

こうした状況に直面した日銀は、二〇〇一年三月にようやく、一部の専門家から求められながらも忌避し続けていた、量的緩和政策という非伝統的な金融政策に乗り出すことになる。しかし、その政策転換は、既に日本経済に強固に根付いていたデフレを払拭するには、あまりも遅く、かつ不徹底なものでしかなかったのである。

3. アベノミクスはどのように生まれたか

†失われた二〇年における政策戦略の変遷

上述のように、一九九〇年代以降の「日本の失われた二〇年」とは、何よりもデフレーションすなわち継続的な物価下落とともに日本経済が収縮し続けていた時代であった。にもかかわらず、その間の歴代政権は、デフレをどのように把握し、それにどう対処すべきかを、十分に明確にすることはなかった。

第二次安倍政権はそれに対して、日本経済再生のための最優先課題を「デフレ脱却」に置いた。そして、政権の基本的な政策戦略を、その目標の達成には何が必要かという観点から設定したのである。

日本経済が長期不況に陥った一九九〇年代に成立した、宮沢喜一政権から森喜朗政権にいたる各政権は、経済政策としてはもっぱら財政政策に依存していた。それら歴代政権による「総合経済対策」や「緊急経済対策」の内実は、基本的には財政政策に尽きていた。

とりわけ典型的であったのは、一九九七年の経済危機を受けて一九九八年七月に成立した小渕恵三政権である。小渕政権は、政府財政赤字の拡大を厭わずに、景気浮揚のための巨額の公共投資を実行した。それはまさしく、ケインズ主義的な赤字財政政策そのものであった。

この一九九〇年代においては、問題の焦点はデフレそのものというよりは「景気」にあると認識されていた。上述のように、一九九〇年代半ばの日本経済には、既にデフレの徴候が現れ始めていた。そして、宮尾尊弘、新保生二、岩田規久男らのように、そのデフレ状況の問題性や、それを克服するためになされるべき政策対応を指摘する専門家も、少数ながら確かに存在した（宮尾［1993］［1994］［1995a］［1995b］、新保［1994］、岩田［1994］［1995］）。しかし、当時の専門家や政策担当者の大多数は、「多少のデフレが生じたとしても、財政出動を通じて景気回復さえ実現できれば、それは自ずと解消される」と考えていたのである。

しかし、一九九〇年代全般を通じて巨額の公共投資が毎年のように行われたにもかかわらず、日本経済は結局、十分な回復にいたることはなかった。他方で、膨れ上がった政府財政支出と景気低迷による税収減の相乗効果によって、日本の財政赤字は拡大し続けた。そのことはやがて、「公共事業性悪論」といった形での、ケインズ主義的赤字財政政策に対する大きな疑念を生み出した。

そこに登場したのが、「構造改革なくして景気回復なし」をスローガンとして二〇〇一年四月に成立し、日本中に一大構造改革ブームを巻き起こした小泉純一郎政権である。小泉政権は、それまでの各政権が行ってきた財政拡張中心の経済政策運営を否定し、経済の供給側の改革を政権にとっての最重要の政策アジェンダとして掲げた。それは、「日本経済の低迷の原因は単なる需要不足ではなく、供給側の構造問題にある」という把握に基づいていた。

しかしながら、小泉政権が誕生した二〇〇〇年代初頭とは、世界的なITドットコム・バブルが崩壊した直後の時期であった。その時の日本経済は、まさにデフレ・スパイラルの危機に陥りつつあった。そうしたことから、小泉政権もやがて、構造改革に並ぶもう一つの政策の柱として、「デフレ対策」を重視するようになっていく。

とはいえ、当時の小泉政権およびその周辺では、デフレの原因については、日銀による金融政策の問題というよりは、金融機関の持つ不良債権による信用機能の不全に求める見方が一般的であった。当時の金融担当大臣であった竹中平蔵が、小泉政権の政策ブレーンであった木村剛らとともに二〇〇二年一〇月に作成した金融再生プログラム、通称「竹中プラン」は、まさにそのような考え方に基づいていた（木村［2003］）。そのプランの意図は、銀行への圧力を通じた不良債権処理にあった。

そうした中でも、小泉政権の末期には、のちのアベノミクスに連なる考え方が萌芽的に形成され始めることになる。それは、小泉政権後の第一次安倍政権で幹事長を務めることになる中川秀直らによる「上げ潮」路線である（中川［2006］）。それは、「財政再建は増税よりもむしろ、金融緩和による景気刺激や構造改革による生産性上昇などを通じた経済成長の結果として実現される」とする政策的立場である。その矛先は直接的には、当時極めて強い政策的影響力を持っていた与謝野馨らによって主導されていた「増税を通じた財政再建」路線に対して向けられていた。そのため、上げ潮路線も基本的には、デフレ脱却を目的とするというよりは、「増税路線に対抗する財政再建のための政策戦略」という性格が色濃かった。しかしながら、非増税を堅持すると同時に金融政策および構造改革を通じた経済成長を重視するというその政策スタンスは、明らかにアベノミクス「三本の矢」の先駆と考えることができる。

†インフレ目標という政策枠組み

こうした経緯を経て、第二次安倍政権にいたってようやく、政策目標としてのデフレ脱却と、そのための政策手段が掲げられることになる。重要なのは、第二次安倍政権は、単にデフレからの脱却を抽象的に述べたのではなく、「二％の消費者物価上昇率が継続的に達成されること」という形で、それを具体的な数値目標として明確化した点にある。それが、二〇一三年一月に政府と日銀が掲げた「二％インフレ目標」である。

世界的に見ると、インフレ目標という政策枠組みそれ自体は、一九九〇年にニュージーランドが導入して以来、もっぱら中央銀行が行う金融政策の方向性を示すためのものとして定着してきた。それは現在では、先進国と新興諸国を含む世界各国の中央銀行にとっての標準的な政策枠組みとなっている。

その第一の役割は、政府から独立したテクノクラート集団としての中央銀行が行う金融政策の目標を数値的に明示することによって、その責任の範囲を明確化することにある。その第二の役割は、企業や家計といった民間経済主体が持つ将来の経済状況に対する見通しをより確実なものにするという点にある。

このインフレ目標の枠組みにおいては、中央銀行は通常、実際のインフレ率が目標インフレ率を下回れば金融緩和を続け、逆の場合には金融引き締めを実行することになる。一般に、現実の経済には予期しないショックから発する不確実性がつきものなので、経済状況が将来的にどのように推移していくのかはきわめて見通しにくい。しかしながら、中央銀行が行う金融政策の方向性が多少とも明らかになっていれば、経済がこれからどこに向かっていくのかを、人々はある程度は見通すことができるようになる。そのような不確実性の縮小は、それ自体として経済の安定化に寄与する。

そのようなことから、日本においても一部の専門家は、一九九〇年代末頃には既に、日銀もまた各国中央銀行に倣ってインフレ目標を導入すべきことを論じていた。日銀はそれに対して、「インフレ目標は基本的にインフレの抑制のためのものであって、デフレ脱却という目的にはそぐわない」として、そのような専門家の主張を退けていた。

その日銀が、インフレ目標導入を頑なに拒否し続けてきた白川方明日銀総裁の任期の末期である二〇一三年一月に、遂にインフレ目標を受け入れたのである。それは、二〇一二年一二月に行われた衆議院議員総選挙で、安倍を党首とする当時は野党であった自民党が、結果として圧倒的な勝利を収めていたからである。

安倍はこの総選挙において、デフレ脱却のためには日銀のより積極的な金融緩和が必要と主張し、そのデフレ脱却の実現を裏付ける枠組みとして、インフレ目標の導入を掲げていた。これは、他の政党やマスメディア等から必ず「インフレを目標にすれば、結果として制御不可能なインフレを招きかねない」といった批判を招くという意味で、政権選択選挙の争点とするにきわめてリスクの大きい公約であった。しかし、安倍はそれを選挙であえて掲げた。そして、結果として堂々と勝利したのである。日本の有権者はおそらく、一部識者が述べる「制御不能なインフレ」のリスクなどというものよりも、泥沼のように果てしなく続いてきたデフレに倦んでいたのであろう。

†「三本の矢」それぞれの展開

こうして成立した第二次安倍政権は、二〇一三年二月末に、日銀の新執行部を指名した。それは要するに、白川総裁時代までの旧来的な日銀の体制を、その日銀を批判し続けてきた「リフレ派」を中心とする新体制に置き換えようとするものであった。

日銀新総裁に指名されたのは、かつて財務省財務官として日本の為替政策を担い、その当時から財務省随一のリフレ派として知られていた黒田東彦であった。また副総裁に指名されたのは、一九九〇年代から日銀の金融政策を批判し続け、その知的影響力を通じてリフレ派という政策集団を日本に生み出した当の本人である、経済学者の岩田規久男であった。

その黒田と岩田を中核とする新しい日銀は、四月三日と四日に開催された最初の金融政策決定会合で、ベースマネーを二年で二倍に拡大させるという「異次元金融緩和」の実行を宣言した。こうして、アベノミクスの第一の矢、すなわち「大胆な金融政策」は、現実のものとして動き始めることになったのである。

それに対して、第二の矢「機動的な財政政策」と第三の矢「民間投資を喚起する成長戦略」の位置付けは、当初からいくつかの問題を孕んでいた。

まず第三の矢についていえば、民間投資を喚起する成長戦略とは具体的には何かという合意が、政権内部においてすら明確になっていなかった。それは一般的には、小泉政権から第一次安倍政権まで重視されてきた構造改革であり、より具体的には規制緩和や公的部門改革を意味するものと理解されてきた。

しかし、小泉による郵政民営化が自民党内に深刻な亀裂を招いたこともあり、自民党の一部は「構造改革」に対して強いアレルギーを持っていた。彼らは規制緩和や民営化などが提起されるたびに強い抵抗を示すため、それらはなかなか具体化されるまでにはいたらないでいた。結果として、「成長戦略の欠如」が、安倍政権に本来批判的であったマスメディアが政権を攻撃する最大の標的になってしまったのである。

原理的にいえば、規制緩和や公的部門改革は本来、経済をより効率化させるための政策であって、物価や雇用といったマクロ経済状況の改善を目的とするものではない。確かに、経済が効率化すれば、一国の成長可能性が高まり、マクロ的状況も改善する可能性はある。しかしその効果は、一九八〇年代イギリスのサッチャー改革がそうであったように、五年あるいは一〇年といった長期において現れるものである。

そのサッチャー改革にしても、インフレに悩む当時のイギリスだから必要とされていたのであり、同様な政策が日本のデフレ克服に役立つかどうかは定かではなかった。その意味では、成長戦略の第一義的な目標はやはり、デフレ脱却というよりは、経済の長期的な成長可能性の確保にあったと考えるべきであろう。

より問題が多かったのは、第二の矢の位置付けの方であった。というのは、政権内部および周辺において、この「機動的な財政政策」の内実について、まったく逆向きの方向性が共存していたからである。一方には、「国土強靭化」を目的とした公共投資を中心に、景気回復のための大規模な政府支出を行うべきとする立場があった。そして他方には、インフレに伴う将来的な国債金利上昇による悪影響を防ぐために、むしろ増税による財政健全化が必要とする立場があった。

当然のことであるが、目標がデフレ脱却にあるとすれば、採用されるべきは前者であって後者ではない。増税とは、仮に財政健全化に長期的には資するとしても、短期的には明らかにデフレを促進するものだからである。にもかかわらず増税路線が棄却されずに残ったのは、野田佳彦民主党政権時代に成立していた民主党・自由民主党・公明党の三党による「社会保障と税の一体改革に関する合意」が、第二次安倍政権成立後も生き残っていたからである。

このいわゆる「三党合意」の焦点は、消費増税関連法案であった。そこには、従来五%であった消費税率を二〇一四年（平成二六年）四月一日からは八%とし、二〇一五年（平成二七年）一〇月一日からは一〇%とすることが定められていた。この増税法案はやがて、アベノミクスの目標であるデフレ脱却の完遂を阻む最大の障害となっていくのである。

4　アベノミクスで何が変わったのか

†デフレ脱却の障害となった第二の矢

アベノミクスは以上のように、二〇年以上にわたって縮小を続けてきた日本経済のトレンドを反転させるための戦略目標を「デフレ脱却」に据えて、金融政策、財政政策、成長戦略という、これまで歴代政権がばらばらに実行してきた政策群を、そのために総動員しようとするものであった。そこで最も重要だったのは、いうまでもなくアベノミクスの第一の矢＝「大胆な金融政策」であった。

小泉政権以降の自民党および民主党の歴代政権は、決してメインではなかったにせよ、一応はデフレ脱却を政策課題に掲げていた。とはいえ、物価安定の主要な手段である金融政策には何ら方針を示さず、その運営を日銀の恣意に委ねてきた。そのような状態である以上、政府がどのような政策を実行しようが、デフレ克服が実現されるはずもなかったのである。

実際、日本経済のデフレ化は、一九九〇年代の歴代政権による巨額の財政支出にもかかわらず進行していた。それは、その時期の日銀が、インフレやバブルの再発を怖れる結果、きわめてデフレ許容的な政策運営を行っていたためである。

第二次安倍政権はそれに対して、インフレ目標の導入と日銀の体制刷新によって、まずはデフレ脱却のための必要条件を確保した。まさにその点こそが、第二次安倍政権と、第一次安倍政権を含む歴代政権との、経済政策における最大の相違だったのである。

しかしながら、上述のように、その後の実際の政策展開においては、この「デフレ脱却に向けて三本の矢を総動員する」というアベノミクスの考え方は、その当初の目論み通りに現実化されたとは言い難い。それは何よりも、アベノミクスの第二の矢「機動的な財政政策」が、拡張的ではなく緊縮的な方向に展開されたからである。

†消費税増税の経緯

安倍自身が性急な消費税増税にきわめて懐疑的であったことは、さまざまな言動から明らかである。

小泉政権の後を受けて二〇〇六年に成立した第一次安倍政権は、増税よりもまずは経済成長を通じて財政を健全化させるという、上述の「上げ潮」路線を基本政策に据えていた。しかし、この第一次安倍政権は、閣僚の不祥事や安倍の健康問題によって、二〇〇七年八月に崩壊した。安倍はそれ以降、平の一議員となった。安倍はこの浪人時代に、自民党随一のリフレ派として知られていた山本幸三に請われて、超党派の議員グループ「増税によらない復興財源を求める会」の会長に就任している。それは、二〇一一年三月に起きた東日本大震災の復興財源を、増税ではなく、日銀による買い入れを前提とした国債発行によって賄うことを求めた政治運動である。

安倍は、三党合意による消費増税法案が可決された直後に行われた二〇一二年九月の自民党総裁選出馬表明時には、「消費税引き上げの前にデフレ脱却をして経済を力強い成長軌道に乗せていく必要がある」と述べ、他の総裁候補者が消費税増税を自明とする中で、消費増税法における「景気弾力条項」に基づく増税延期の可能性に唯一言及していた。さらに総裁就任後にも、インタビューなどにおいて、「日本経済がデフレ脱却に向かっていないと判断した場合には消費税の引き上げ延期を検討する」と述べていた。

ちなみに、安倍が依拠するこの「景気弾力条項」とは、消費増税法案にあった附則一八条のことである。そこでは、消費税増税の実施はあくまでもその時点での経済状況の判断に依存するものであり、具体的には三%程度の名目経済成長率と二%程度の実質経済成長率の達成および維持が前提とされることが明示されていた。

こうした慎重姿勢にもかかわらず、安倍は結局、二〇一四年四月に、第一回目の消費税増税を実施した。その最大の要因は、アベノミクスが開始された二〇一三年に入ってからの顕著な景気回復であった。特に決定的だったのは、速報値では二・六％であった二〇一三年第2四半期（四月〜六月）の実質経済成長率（年率換算）が、九月九日に発表された改定値で三・八％へと大幅に上方修正されたことである。名目経済成長率（年率換算）の方も、速報値の二・九％から改定値の三・七％へと上方修正された。この突発的な景気拡大により、三％の名目経済成長率および二％の実質経済成長率という景気弾力条項の規準が、一時的にせよ形式的には満たされることになったのである。

つまり、アベノミクスの開始時点での大いなる成功は、その最大の目標であるデフレ脱却を頓挫させるリスクをはらむ増税を後押しするという、きわめて皮肉な結果をもたらしたわけである。

†一時腰折れ気味ながらもプラス基調に転じた物価

その後ただちに明らかになったように、この消費税増税による経済の下押し効果は、大方の想定を越えていた。とりわけ民間消費は、「増税前の駆け込み需要拡大の反動減」では説明できないような、趨勢的な落ち込みを示していた。その結果、アベノミクスの発動以来、二％目標に向かって明確な上昇傾向を示していた消費者物価上昇率も、再びゼロ

図表1-6：消費者物価上昇率の推移（1991-2017年9月）

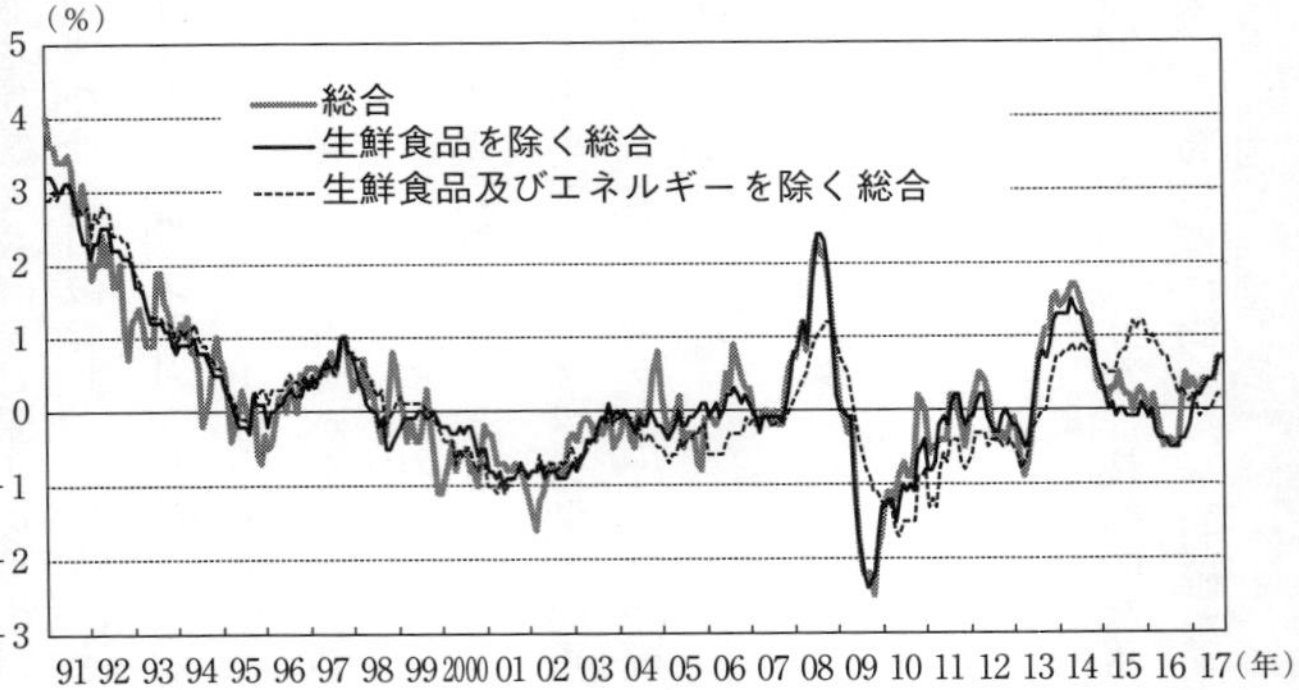

（注）消費税調整済み
（出所）総務省統計局

近傍まで低下した。安倍はそのため、当初は二〇一五年一〇月に予定されていた2回目の消費税増税を一年半後の二〇一七年四月に延期することを二〇一四年一一月に決定し、さらに二年半後の二〇一九年一〇月まで延期することを二〇一六年六月に決定した。

そのような再増税の二度にわたる先送りによって、消費税増税以降は低下傾向にあった消費者物価上昇率も、二〇一七年に入ってようやく底打ちするにいたったのである（**図表1−6**）。

アベノミクスの要である「大胆な金融政策」を担っていた黒田日銀は、二%のインフレ目標を、当初は約二年程度を目途として達成することを想定していた。しかしながら、異次元金融緩和が開始された二〇一三年四月から約一年後に実行された消費税増税によって、それまで育ちつつあったデフレ脱却の芽は、いったんは完全に摘まれてしまった。

ただし、こうした増税による腰折れにもかかわらず、消費者物価上昇率の趨勢的なトレンドが、異次元金融緩和政策の発動以降に大きく変わったことも、**図表1-6**から明らかである。

日本の消費者物価上昇率は、一九九〇年代末以降、異次元金融緩和が開始される以前の二〇一二年頃まで、リーマン・ショック前の一時期を除いて、ほぼ恒常的にマイナスを示していた。つまり、文字通りの物価下落が生じていた。しかしながら、異次元金融緩和政策の効果が顕在化し始めた二〇一三年半ば以降は、消費者物価上昇率がほぼ恒常的にプラスを維持するようなった。それは、日本経済が少なくとも「物価が下がり続ける」状況ではなくなったことを意味していた。

†顕著な雇用の改善

こうしたアベノミクスを契機とする日本経済の収縮トレンドからの反転がより一層明確に現れたのは、雇用においてである。

日本の完全失業率は、一九五〇年代から一九八〇年代までは、円高不況のピークであった一九八七年を除けば、どのように厳しい不況期でも三％台まで上昇することはなかった。しかし、バブルのピークであった一九九〇年には二％程度であった完全失業率は、バブル崩壊後からは徐々に上昇し、一九九四年後半には遂に三％台に突入した。完全失業率はその後も上昇し続け、ITドットコム・バブル崩壊後の二〇〇一〜二〇〇三年とリーマン・ショック後の二〇〇九〜二〇一〇年には五％台にまで達した。

つまり、一九九四年後半以降の日本経済は、二％台の完全失業率に留まっていたことは一度もなく、三％台から五％台という、一九八〇年代以前にはあり得なかった「高失業」状態に甘んじていたのである。それが、アベノミクス五年目の二〇一七年には、ほぼ二〇年ぶりの「二％台の完全失業率」が実現された。

また、有効求職者数に対する有効求人数の比率である有効求人倍率は、二〇一七年には一・五を越え始めるようになった。これは、高度経済成長の余韻が残っていた一九七〇年代初頭以来のことである。

以上のように、少なくとも完全失業率や有効求人倍率の数値を見る限りは、日本経済の雇用状況がアベノミクスの発動を契機として顕著に改善したことは明らかである。しかしながら、アベノミクスに批判的な論者たちは、まったくそう考えてはいない。彼らはしばしばしば、「完全失業率は第二次安倍政権の前の民主党政権の時期から既にトレンドとして低下していた」とか、「雇用状況が改善したとしても、それは主に団塊世代の退職などに伴う労働力の減少によるもの」と主張する。そして、そのことを根拠として、アベノミクスが雇用の改善に結びついたという見方を敢然と否定する。真実は果たしてどちらの側にあるのであろうか。

†労働需要だけではなく労働供給も増加

この両者の見方のどちらが正しいのかを判断するためには、単に完全失業率だけではなく、その推移を「生産年齢人口」「労働力人口」「就業者数」といった数字と照らし合わせてみることが必要になる。

この「生産年齢人口」とは、年齢別人口のうち、労働力の中核をなすと考えられている一五歳以上六五歳未満の人口層の総数である。実際には六五歳以上でも働いている人々は数多く存在するので、生産年齢人口には六五歳以上の年齢層を含める場合もある。しかし、中核的な労働可能人口の動態的な変化をより明確に示すという意味で、ここではこの一五歳以上六五歳未満という定義の方を用いる。「労働力人口」とは、一五歳以上で労働する能力と意思を持つ人々の総数をいう。そのうち、収入を伴う仕事に多少でも従事した人々

図表 1-7：完全失業率の推移（2009-2017 年 9 月）

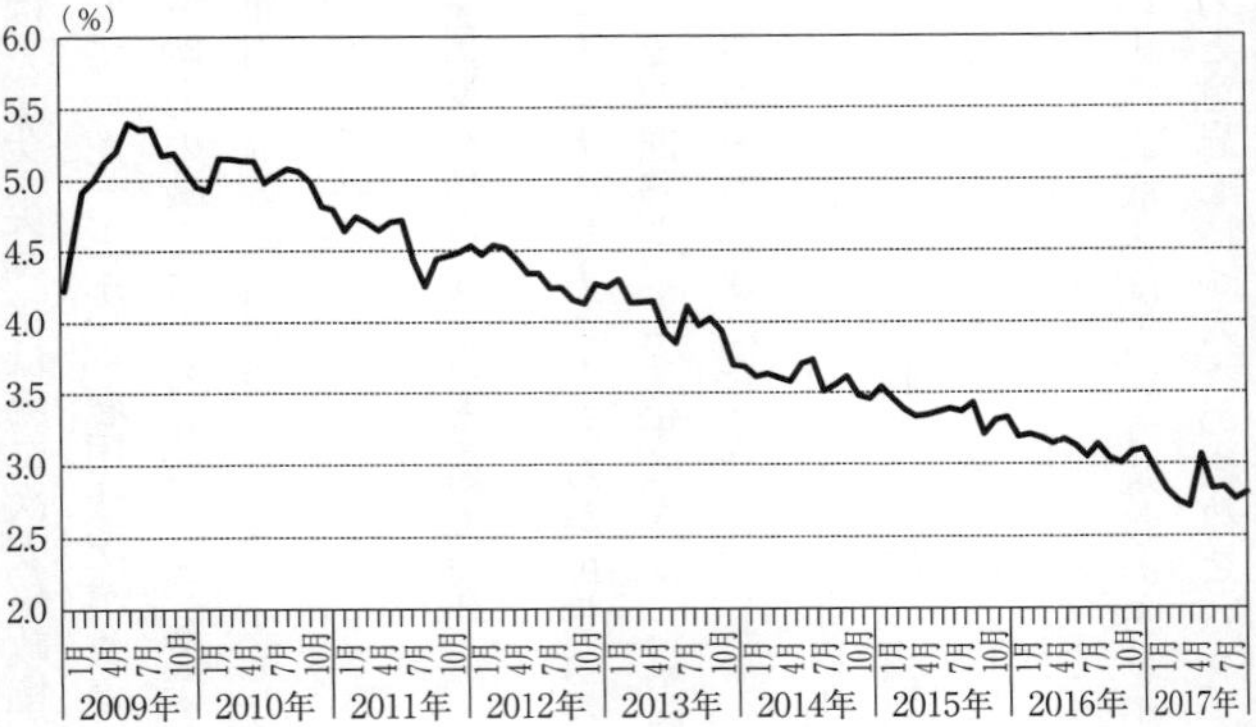

（出所）総務省統計局

図表 1-8：生産年齢人口、労働力人口および就業者数の推移（2009-2017 年 9 月）

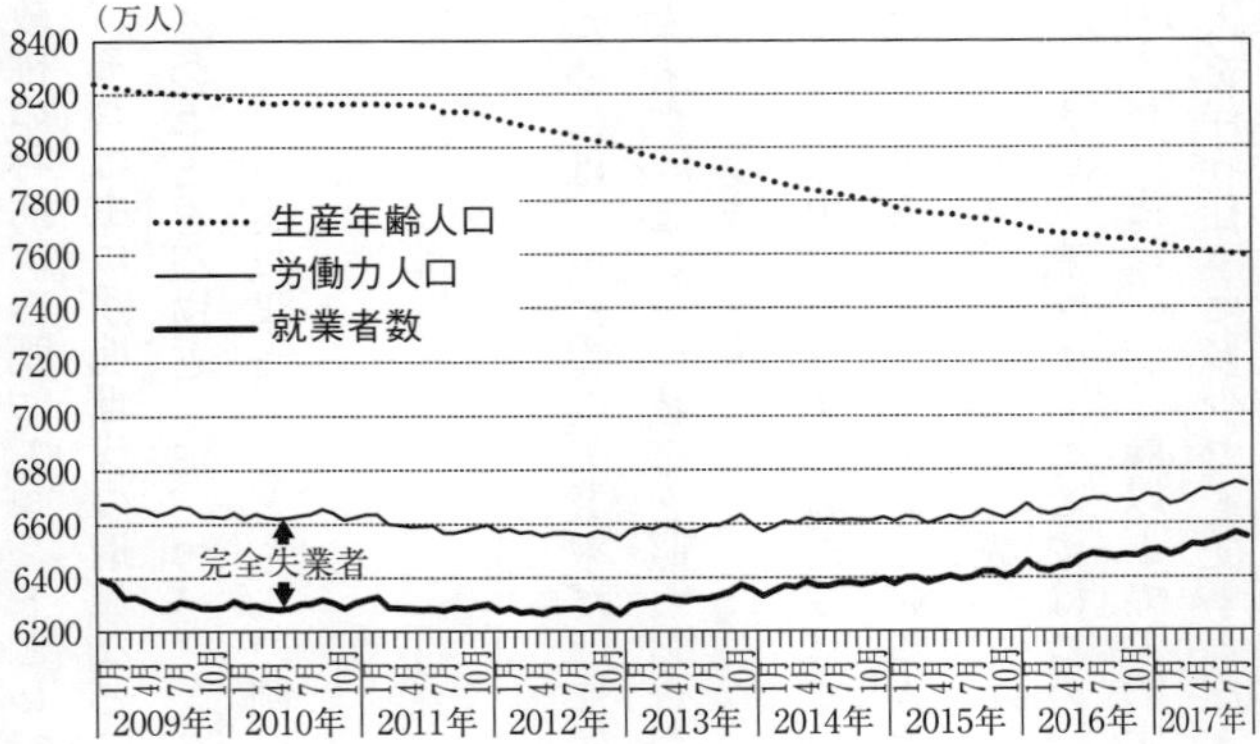

（出所）厚生労働省、総務省統計局

が「就業者」（休業者を含む）であり、残りが求職中であってまだ仕事を得られずにいる「完全失業者」である。そして、完全失業率とは、「労働力人口」に対する「完全失業者」の比率のことである。

民主党政権が誕生したのは、二〇〇九年九月である。完全失業率は、それ以前までは、リーマン・ショックによる経済の急激な落ち込みによって上昇し続けていた。しかしそれは、ちょうど民主党政権誕生の頃をピークとして、それ以降は確かに低下し始めている（**図表1－7**）。

とはいえ、この民主党政権期の状況は、雇用の回復というには程遠いものであった。というのは、**図表1－8**から明らかなように、民主党政権期全般を通じて、就業者数はまったく増加していなかったからである。この時期における完全失業率の低下は、基本的には労働力人口の減少によるものであった。

それに対して、アベノミクスが開始された二〇一三年以降は、単に失業率が低下を続けたのみではなく、就業者数と労働力人口がともに、明確に増加し始めるようになった。つまり、アベノミクス以降は、それ以前とはまったく異なり、「労働力人口が拡大に転じた」にもかかわらず、就業者数がそれ以上に拡大し、結果として失業率が低下したのである。

要するに、民主党政権期の失業率低下は「労働供給が労働需要以上に縮小した」ことによっていたのに対して、アベノミクス期のそれは「労働需要が労働供給以上に拡大した」ことによるものであった。したがって、「失業率の低下は労働人口の減少によるものであって、需要の回復によるものではない」といった仮説は、民主党政権期の状況に対しては当てはまる可能性があったとしても、少なくともアベノミクス期に対してはまったく当てはまらないのである。

†景気循環に伴う労働力の退出と参入

そもそも、日本の生産年齢人口、すなわち労働力の中核をなすと想定されている一五歳以上六五歳未満の人口層は、一九九七年の約八、七〇〇〇万人をピークとして、それ以降は毎年一貫して減少し続けてきた。にもかかわらず、それ以降の日本の完全失業率は、ごく近年にいたるまで、低下するよりはむしろ上昇し続けてきた。それは、完全失業率とは、単に労働供給のみではなく、その時々の労働需要にも大きく依存するものだからである。日本の完全失業率が生産年齢人口の減少が始まった一九九〇年代末以降も上昇し続けてきたのは、労働供給の減少以上に労働需要が減少し続けてきたからである。

それに対して、**図表1－8**が示すように、アベノミクス期には、労働需要を反映する就業者数が拡大しただけに留まらず、労働供給としての労働力人口も拡大した。このように

「労働供給が拡大しながら完全失業率が低下した」ということは、アベノミクスによる雇用改善が、労働需要のより大きな拡大によってもたらされたものであることを意味する。

興味深いのは、生産年齢人口すなわち一五歳以上六五歳未満の人口それ自体は、アベノミクスが開始された二〇一三年以降も減少し続けているにもかかわらず、働く意思のある人々の総数を示す労働力人口は、この二〇一三年以降、一貫して拡大し続けてきたことである。それはなぜか。

実は、このように労働供給としての労働力人口が必ずしも生産年齢人口には連動せず、景気循環とともに増減することは、きわめて一般的に観察される現象なのである。つまり、景気が悪化すれば就業者のみならず労働力人口それ自体も減少し、景気が拡大すれば就業者とともに労働力人口も増加し始めるということになる。

それは、景気の悪化によって賃金等の雇用条件が悪化すれば、職探しを諦めて労働市場から退出する、いわゆるディスカレッジド・ワーカー（求職意欲喪失者）が増加するからである。景気が回復した場合には、求人の増加や雇用条件の改善によって求職意欲を失っていた人々が再び労働市場に参入するので、その逆が生じる。その結果、労働力人口すなわち労働供給は、景気に連動して増減するのである。

実際、リーマン・ショック後には、生産年齢人口の減少以上に労働力人口の減少が進んでいた。それは、深刻な不況に直面する中で、多くの人々が求職意欲を喪失したことを意味している。そして、彼ら求職意欲喪失者たちは、民主党政権の時代にはまだ労働市場に復帰しようとはしていなかった。それは、その時期には労働力人口が依然として減少し続けていたことから明らかである。彼らは、アベノミクスによる雇用の回復と、それによる労働条件の改善によってはじめて、改めて労働市場に戻る意欲を取り戻すことができたのである。

†アベノミクスの恩恵を最も受けた若年層

このようなアベノミクスによる雇用状況改善の恩恵を第一に受けたのは、それまでのデフレ不況の中で最も虐げられてきた若年世代であった。その最も顕著な現れは、新卒労働市場における雇用拡大である。

就職希望者に対する就職者の比率である就職率は、二〇一七年四月時点で、大卒で九七・六%、高卒で九八%となった。これは、調査が開始された一九九七年以降の最高値である。二〇一一年四月の就職率が過去最低であり、その頃は多くの新卒者が内定を得られずに卒業の持ち越しを余儀なくされていたことを考えれば、まったくの様変わりといってよいであろう。第二次安倍政権に対する支持率が一般に若年層ほど高いのも、このことが背景にあると考えられる。

このようなアベノミクス期の雇用改善に関しては、「失業率の低下といっても低賃金の非正規雇用が増えたにすぎない」といった批判がしばしばなされてきた。確かに、就業者に占める正規雇用の比率は、二〇一五年頃までは依然として低下し続けていた。しかし、二〇一六年以降は、それは明らかにトレンドとして上昇し始めている。新卒労働市場における雇用のほとんどは正規雇用と考えられるから、それは新卒就職率の上昇という先のデータとも符合する。

より注目すべきは、非正規就業者が数としては増加する中でも、「正規の職員・従業員の仕事がないから」という理由で非正規就業に甘んじている、いわゆる不本意非正規就業者は、数的にも割合としても一貫して減少してきたという事実である。それについては残念ながら二〇一三年以降のデータしか存在しないので、アベノミクス期以前との比較はできない（**図表1－9**）。とはいえ、少なくともアベノミクス期に不本意非正規就業者が着実に減少してきたことは、ここから明らかである。

いうまでもないことであるが、非正規雇用だからといって、それ自体が問題であるわけではない。主婦のパートや学生のアルバイトがそうであるように、自分の都合のよい時間に働きたいとか、家事、育児、介護、勉学等と両立しやすいなどの理由から、自発的に正規ではなく非正規就業が選択されている場合、そのことを問題視すべき理由はまったくない。非正規雇用に問題があるとすれば、それは基本的に、正規就業を望みながらもそれが実現できない場合に限られる。そして、そのような不本意非正規就業者は、このアベノミクス期に、確実に縮小し続けてきたのである。

アベノミクスを契機としたこうした経済状況の転換は、それに依存すると考えられる他の指標からも裏付けられる。というのは、アベノミクス期以前には経済状況の悪化を反映して悪化し続けてきたようないくつかの社会指標が、アベノミクス期には明確に反転する傾向を示しているからである。

たとえば、厚生労働省『国民生活基礎調査』(平成二八年)によれば、二〇一二年まではトレンドとして上昇し続けてきた相対的貧困率、子どもの貧困率、子どもがいる現役世帯の貧困率等は、いずれも二〇一五年には大幅に低下している(**図表1-10**)。これらは、雇用や所得の状況そのものを示すわけではないが、その悪化や改善を示すある種の代理的指標であり、少なくともその傍証と考えることができる。

図表 1-9：不本意非正規就業者の総数とその非正規就業者中での割合（2013-2016 年）

年	総数（万人）	割合（%）
2013 年	341	19.2
2014 年	331	18.1
2015 年	315	16.9
2016 年	296	15.6

（出所）総務省統計局

図表 1-10：貧困率の推移（1991-2015 年）

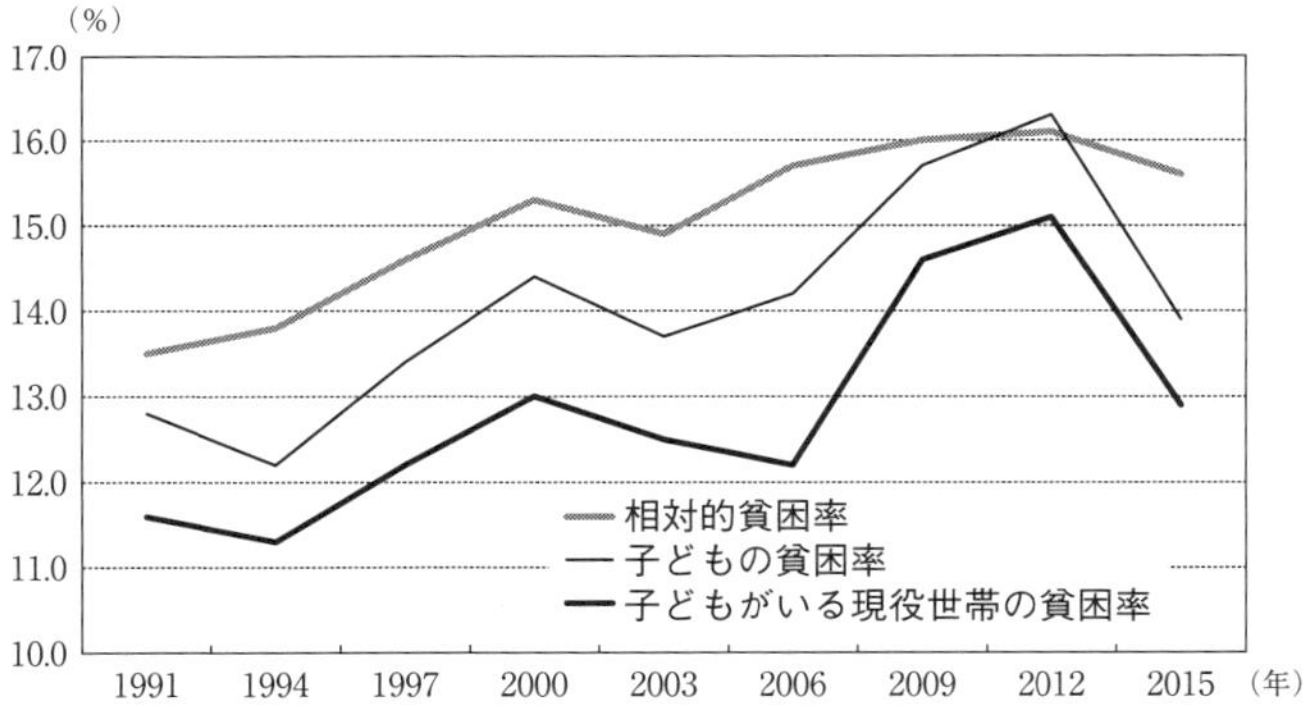

（データ出所）厚生労働省『国民生活基礎調査』（平成 28 年）

5. アベノミクスの背後にある政策思想

†リフレ派から生まれたアベノミクス

アベノミクスは、それ以前の政権の経済政策戦略とは、以下の二つの点において根本的に異なっていた。その第一は、単なる景気回復ではなく、デフレ脱却を、より具体的にはインフレ目標の達成を最重要の政策課題として位置付けたことである。第二は、そのための主要な手段を金融政策に求め、政府と日銀が共同してインフレ目標の達成にコミットすることを明示化したことである。

こうした政策戦略の基本的な枠組みを提供していたのは、リフレ派と呼ばれていた一群の経済学者およびエコノミストたちであった。リフレ派とは端的にいえば、日本経済の再生のためにはまずはデフレ脱却が必要であり、そのためには金融政策の転換が必要と主張していた論者たちの集団である。安倍が第二次安倍政権の成立時に政策ブレーンとして内閣官房参与に任命した浜田宏一と本田悦朗、日銀の新執行部として任命した黒田東彦と岩田規久男は、そのリフレ派を代表する存在である。

二〇〇六年九月から二〇〇七年八月までの第一次安倍政権は、上げ潮戦略の提唱者であり、当時の政界では比較的リフレ派に近い立場にあった中川秀直が幹事長を務めていた。とはいえ、政権にとっての政策の中心課題は、デフレ脱却というよりは、公務員制度改革のような「構造改革」の方に置かれていた。そして、物価や景気の安定化といったマクロ政策的な課題は、基本的に福井俊彦を総裁とする当時の日銀に委ねられていた。

安倍の経済政策に関する考え方がリフレ派のそれに明確に接近するようになったのは、第一次安倍政権崩壊後の、安倍の浪人時代のことである。そこにはさまざまな伏線があったが、特に決定的だったのは、政界におけるリフレ派を代表する存在として、一九九〇年代末から一貫して日銀に積極的な金融緩和を求め続けてきた自民党の政治家、山本幸三の影響である。端的にいえば、安倍は山本に折伏されたのである。

安倍はさらに、自らの金融政策論を構築するに際して、リフレ派を代表する経済学者であったイェール大学教授の浜田宏一に助言を求めた。安倍が小泉政権で内閣官房副長官を務めていた時に、浜田は内閣府経済社会総合研究所長を務めており、両者は経済財政諮問会議等の場でしばしば顔を合わせていた。

安倍が政権に就く前に公表された浜田と安倍の対談（浜田・安倍［2012］）は、安倍がいかにして日銀の金融政策の問題性を認識するにいたったかが語られており、きわめて興味深い。浜田は、第二次安倍政権の成立後には、内閣官房参与（経済担当）に就任し、アベノミクスとりわけその「第一の矢」の理論的側面を代弁する存在となった。

†長期不況の原因と処方箋をめぐる論争

リフレ派そのものの形成は、ITドットコム・バブルの崩壊により日本経済がデフレ・スパイラルの危機に直面していた、二〇〇〇年代初頭にさかのぼる。一般にリフレ派誕生の契機とされるのは、本来は『昭和恐慌の研究』（岩田編［2004］）の執筆を目的として二〇〇二年初頭に発足した「昭和恐慌研究会」である。また、リフレ派の最初期の政策論集には『まずデフレをとめよ』（岩田編［2003］）がある。リフレ派の政策研究論集には、『経済政策形成の研究』（野口編［2007］）がある。

一九九〇年代末の日本経済は、一九九八年七月に成立した小渕政権による巨額の財政支出と、ITドットコム・バブルを背景とした世界的な景気拡大によって、一九九七年四月の消費税増税によって生じた経済危機を乗り切りつつあるようにも見えた。速水日銀はその機に乗じて、二〇〇〇年八月にゼロ金利政策の解除を、政府の反対を押し切って強行した。しかし、あたかもそれをあざ笑うかのように、それまでは世界経済の拡大をもたらしてきたITドットコム・バブルが崩壊し始めた。二〇〇一年に入ると、景気悪化はもはや疑いようもないものとなった。その結果、日銀は二〇〇一年三月に、ゼロ金利政策への復帰を飛び越えて、世界初の量的緩和政策の導入を余儀なくされることになる。

日本経済はこうして、一九九〇年頃にバブルが崩壊して以来の一〇年以上の年月を、遂に本格的な景気回復を迎えることなく費やすことになった。そのような長期にわたる経済停滞は、日本にとってはまったく初めての経験であった。

そうした状況の中で、エコノミストや経済学者の間では、日本経済の長期停滞の原因と処方箋をめぐる議論や論争が積極的に展開されるようになっていく。そこでは大きく分けて二つの立場があった。それは、日本経済の低迷の原因を供給側に求める構造改革派と、需要不足に求めるマクロ派である。両派の間で当時展開された論争を収録した論文集には、『失われた10年の真因は何か』（岩田・宮川編［2003］）、『論争　日本の経済危機』（浜田・堀内・内閣府経済社会総合研究所編［2004］）がある。

構造改革派は、経済停滞の根本原因を、生産性の低迷に求めた。彼らはそれゆえに、「日本経済が必要とする政策的処方箋は、生産性を上昇させるような構造改革であり、財政政策や金融政策といった総需要拡大政策ではない」と主張した。この主張は、「バブル崩壊後の一九九〇年代を通じて日本ではそれなりに拡張的な財政および金融政策が行われたにもかかわらず、日本経済が結局は停滞から抜け出すことができなかったのはなぜか」

という、当時拡がりつつあった疑問から出発していた。その疑問に対する彼ら構造改革派の答えは、「マクロ的な総需要拡大政策に効果がなかったのは、問題が需要側にではなく供給側にあったから」というものであった。

既述のように、二〇〇一年四月に成立した小泉政権は「構造改革なくして景気回復なし」を政権の基本スローガンとしていた。それはまさしく、この構造改革派のビジョンに基づいていた。この小泉政権の訴えは、政権成立当初から大多数の有権者によって熱狂とともに受け入れられた。要するに、当時の有権者は、「日本経済の低迷は循環的なものではなく構造的なものであるため、構造改革以外に方策はない」とする構造改革派の主張に、深く共鳴したのである。この時期の構造改革論の基本的論理と、マクロ派から見たその問題点は、『構造改革論の誤解』（野口・田中〔2001〕）が詳細に論じている。

マクロ派はそれに対して、一九九〇年代の日本経済の停滞の原因を、基本的にはマクロ的な総需要不足に求めていた。しかし、その政策的処方箋においては、財政政策と金融政策のどちらを重視するかで、内部に鋭い対立が存在した。

ケインズ経済学が定着した一九五〇年代以来、長らく経済政策の世界を支配していた伝統的なケインズ主義は、どちらかといえば金融政策よりも財政政策を重視していた。それは、単に中央銀行が貨幣を増やすよりは、政府が「支出を増やす」ことの方が、総需要をより確実に拡大できると考えられていたからである。構造改革派と対峙する日本のマクロ派の一部は、依然としてこうした伝統的ケインズ主義の立場を堅持していた。

†リフレ派のデフレ不況論

それに対して、日本の長期不況の原因をやはり総需要不足に求めながらも、政策目標を「適度なインフレ率の達成」という意味での物価安定に置き、その政策手段は財政政策よりは金融政策を主軸に据えていたのがリフレ派である。それはリフレ派が、日本の長期経済停滞を、単なる総需要不足ではなく、総需要の縮小が物価の下落をもたらし、それがさらに総需要の縮小をもたらすような、「デフレの罠」とでも呼ぶべき状況として把握していたためである。

リフレ派によれば、デフレは不況の結果であると同時に、それ自身が不況の原因となる。というのは、総需要不足によって物価が下落すれば、単に企業の収益が減少するだけではなく、金利が実質的に高くなる、あるいは債務が実質的に増加することによって、総需要がより一層減少してしまうからである。したがって、仮に財政政策などによって総需要を一時的に増加させても、デフレが続く限り、それは穴の空いたバケツの水ように減り続ける。リフレ派が政策目標としてはインフレ目標の達成を最も重視していたのは、まさしくそのためである。

リフレ派によるこのような把握の淵源は、アメリカの偉大な経済学者、アーヴィング・フィッシャーによるデフレ分析にあった。フィッシャーは世界大恐慌の最中に、「大恐慌に関する債務デフレ理論」(Fisher [1933])という論文によって、デフレがどのようにして経済を収縮させるのかを論じていた。フィッシャーはそこで、このようなデフレを通じた経済収縮を反転させるためには、何よりもまずリフレーションすなわち物価の引き上げが必要であることを指摘したのである。

このように、マクロ経済の安定化のための政策目標を適度なインフレ率の達成に求めるとすれば、その手段はまずは金融政策である。そもそも、金融政策を担う中央銀行の第一義的な責務は「物価の安定」にある。その中央銀行は、単にインフレ・ファイターであるだけではなく、デフレ・ファイターでもなくてはならないというのが、リフレ派の認識であった。

リフレ派はもちろん、総需要拡大政策としての財政政策の役割を無視したわけではない。しかしながら、いくら財政政策を拡張的に運営しても、金融政策が不十分であれば、その効果は打ち消されてしまう。そもそも、デフレ脱却のためには財政政策の力を借りることが必要ではあっても、金融政策という手段を用いずに財政政策のみで物価安定を実現させるというのは、ほぼ不可能に近い。リフレ派はその意味で、金融政策を長期不況克服のための少なくとも必要条件と考えていたのである。

リフレ派によれば、その必要条件を確保するためには、伝統的な金融政策の枠組みに拘泥し、デフレ克服のためのより大胆な政策手法の採用を忌避し続けてきた、それまでの日銀の政策運営のあり方を根本的に転換する必要があった。当時の日銀は、デフレの罠を打ち破ろうとするどころか、デフレが続く中でも、デフレは不可避の現象であるかのように吹聴し、伝統的な金融政策への忠誠を何よりも優先するような存在だったのである。

こうしたことから、リフレ派と日銀の間では、速水総裁時代から福井総裁時代を経て白川総裁時代にいたるまで、デフレとそれに対処する金融政策のあり方をめぐって、長く厳しい論争が続いた。結局のところ、その対立関係の解消は、第二次安倍政権と黒田日銀の成立を待たなければならなかったのである。

†「悲観の罠」からの離脱のために

リフレ派はこのように、日本経済がバブル崩壊以来の長期停滞を克服するためには、何よりもまずデフレからの脱却が必要と考えた。彼らは逆に言えば、日本経済は本来、十分に高い潜在的な成長可能性を持っており、それはデフレさえ克服されれば必ず顕在化されると考えていたのである。

バブル崩壊以降、人々は明らかに、日本経済の持つ潜在成長性への懐疑や悲観に囚われていた。日本が陥った長期経済停滞とは、マクロ経済政策の失敗を触媒として、その悲観的な心理が自己実現した結果とも考えることができる。それはいわば「悲観の罠」とでもいえるものであった。

バブルはバブルでしかなかったのは事実であり、それは確かに日本経済をその真の実力以上に見せかけた。しかし、日本の一般的な勤労者が持つ勤勉さや、日本の企業が持つ高い技術それ自体は、決してバブルなどではなかったはずである。それが十分に顕在化しなかったのは、政府や日銀の誤ったマクロ経済政策によって、恒常的な総需要不足が生じ、そのために日本経済が本来持っていた所得機会が狭められてしまっていたからである。デフレ不況期に生じていた高い失業率とは、まさしくその現れと考えることができる。その結果、人々はバブル期とは逆に、過剰なまでの悲観論に陥ってしまったのである。

明らかなのは、人々が再びかつての自信を取り戻し、日本経済がその本来の姿を取り戻すためには、まずはこの誤った経済政策という足かせを取り外す必要があったということである。「日本を取り戻す」という第二次安倍政権のスローガンは、そのような文脈においてはじめて、その真の意味が明確になる性質のものであったといえよう。

第2章

世界大不況とアベノミクス

1. 遅れてきた大不況克服策としてのアベノミクス

†アベノミクスの二つの役割

アベノミクスとは、一九九〇年代から続いてきた日本の長期経済停滞を克服し、かつての力強かった日本経済を取り戻すために、まずは三本の矢である金融政策、財政政策、成長戦略を総動員してデフレ脱却を実現させようとした政策戦略であった。このデフレの克服という問題意識それ自体は、小泉政権以来の歴代政権にもそれなりに存在してはいたが、決して経済政策の中心的課題とは位置付けられていなかった。そのことは、第一次安倍政権でも同様であった。第二次安倍政権の特異性は、デフレ脱却を政権における最優先の政策課題として位置付けた点にあった。

アベノミクスのもう一つの役割は、それが同時に、二〇〇八年九月に生じた米投資銀行リーマン・ブラザーズの破綻、いわゆるリーマン・ショックを契機として拡大した世界大不況からの回復策でもあったという点にある。リーマン・ショック以降、世界各国は、金融政策や財政政策という領域のさまざまな手法を用いて、「百年に一度の経済危機」を克服すべく努めてきた。アベノミクスは、日本におけるその具体例でもあった。実際、黒田日銀による非伝統的金融政策としての「異次元金融緩和」が典型的であるように、アベノミクスの中で実現された具体的政策には、リーマン・ショック以降の欧米先進諸国の政策と共通する部分が多いのである。

とはいえ、アベノミクスはこの点では、「遅れてきた不況対策」という性格を強く帯びていた。それは、リーマン・ショック発生時点の自民党麻生太郎政権が短期間で崩壊した後の政権交替によって二〇〇九年九月に成立し、第二次安倍政権が成立する二〇一二年一二月まで政策を担っていた民主党政権が、マクロ経済政策の領域ではまったく無為無策であり、むしろ景気回復やデフレ克服を阻害するような役割しか果たさなかったからである。

†白川日銀を生んだ民主党

民主党による政策対応の問題性は、既に政権を担う前から十分に顕在化していた。それは具体的には、福井俊彦日銀総裁と二人の副総裁が二〇〇八年三月に任期満了となり、政府が国会の同意を得て日銀の新執行部を任命するという時に、白川方明を新総裁とするように仕向けたことである。自民党政府が国会に提出する新総裁案は、当時は野党ではあったが参議院では多数派であった民主党から、いやがらせのように幾度も拒否されていた。

白川は、そうした政治的混乱の果てに、ようやく民主党の同意を得て、就任したばかりの副総裁職から総裁に横滑りすることになったのである。

民主党が日銀の新執行部の任命においてそのような混乱を引き起こした原因は、もっぱら民主党の内部事情にあった。民主党は要するに、日銀執行部人事という国民生活を左右する政策上の一大事を、党内闘争の道具として弄んだのである。

後述のように、白川日銀はリーマン・ショック以降も、量的緩和のような非伝統的金融政策については、きわめて消極的な態度を貫いた。それは結果として、日本経済に深刻な円高とデフレ、そして失業をもたらした。民主党は結局、政権に就いた二〇〇九年九月以降、その状況に大いに苦しめられることになる。しかし、民主党はそれを誰のせいにもすることができなかった。というのは、白川日銀の事実上の生みの親が民主党であったことからすれば、それは民主党自身の責任でしかなかったからである。

民主党は元々、リベラル派と保守派の寄り合いの政党であり、政策的にも種々雑多であった。二〇一〇年三月に「デフレから脱却し景気回復を目指す議員連盟」が民主党内に発足したことに示されるように、その中には小沢鋭仁、馬淵澄夫、金子洋一といったリフレ派的な立場の政治家も存在しないわけではなかった。しかしながら、民主党内の主流は明らかに、「日銀はこれまで政府の圧力で低金利政策を余儀なくされてきた」と考えるようなマクロ緊縮派であった。そして、白川日銀は、彼らの政治的庇護を陰に陽に受けていた。民主党のそのような立場を象徴するのが、二〇〇九年九月に民主党の鳩山由紀夫政権が誕生した時に、財務大臣に就任した藤井裕久である。藤井は、為替市場で円高が急激に進み、その円高による不況がますます深刻化する中で、「円高の良さは非常にある」と発言し、円高の進行をさらに加速させた（『共同通信ニュース』二〇〇九年九月一七日）。藤井はこうして、白川日銀の無為無策的な政策スタンスを結果として是認したのである。こうした状況の根本的な転換は、結局は二〇一二年一二月の第二次安倍政権誕生を待たなければならなかった。

†増税以外のマクロ政策が存在しなかった民主党政権

おそらく、民主党政権が行ったマクロ政策運営の中で、これらと比較してさえも桁外れに有害だったのは、消費税増税の決定であろう。

日本の消費税増税を現実の政策課題として提起したのは、鳩山が二〇一〇年六月に退陣した後を引き継いだ菅直人政権であった。菅は、二〇一〇年七月の参議院選挙を前に、「消費税増税は四年間行わない」という民主党のそれまでの公約を反故にし、突如として消費税増税を打ち出した。ジャーナリストの伊藤裕香子による菅へのインタビューが明らかにしているように（伊藤［2013］37ページ）、その背景には、その頃に拡大しつつあったギリシャ危機があった。

菅政権は、二〇一一年三月に発生した東日本大震災への対応の不手際もあり、二〇一一年八月に崩壊した。それを引き継いだ民主党の野田佳彦政権は、むしろ菅政権以上の財政再建優先路線を打ち出し、民主党の分裂も厭わずに消費税増税に邁進した。

その時の最大野党であった自民党では、かねてから「消費税一〇％」を持論としていた財政再建論者の谷垣禎一が総裁を務めていた。野田は、この谷垣と連携し、さらにかつて自民党との連立政権を担っていた公明党をも巻き込んで、事実上の政権移譲と引き替えに、二〇一二年夏に「社会保障と税の一体改革に関する合意」を成立させた。これが、消費税増税に関する、いわゆる「三党合意」である。

民主党政権が当初、政策スローガンに掲げていたのは、「コンクリートから人へ」であった。これは、景気対策としては財政政策とりわけ公共事業を重視してきた自民党の旧来的な政策への批判を意味していた。民主党政権は、そのような「無駄な公共事業」を縮小して「人への投資」すなわち子ども手当などの所得再分配に財政支出の比重を移すべきことを主張していたのである。民主党政権のこのような再分配重視の政策戦略は、その昔は総中流社会とまでいわれてきた日本においても、長期不況の中で経済的格差が顕在化し、それが社会的にも問題視されるようになってきたことを背景としていた。

民主党政権の問題点は、その再分配政策の是非ではなく、格差問題の解決のためには何よりもまずマクロ経済状況の改善が必要だという経済的真理を彼らがまったく理解していなかったように見受けられたことにある。いくら政府が限られた財政資金を所得再分配のために投じたとしても、デフレが続き、失業率が上昇する限り、所得分配の不平等化は否応なしに進んでいく。実際、バブル崩壊後の日本において、世代間の所得格差、世代内の雇用格差が拡大し続けてきた最大の原因は、まさにデフレ不況の長期化による雇用状況の悪化にあった。

民主党政権はしかし、デフレを克服し、雇用を改善させるような政策を、何ら提起も実行もしなかった。それどころか、そこにはマクロ政策といえるような政策そのものが存在していなかった。確かに、一世を風靡した「事業仕分け」は、かろうじて財政政策として位置付けることができたかもしれない。しかしそれは、仮に財政の無駄をなくすことに役立つ可能性はあったとしても、景気や雇用の改善には明らかに逆効果であった。その民主党政権が実効性のあるマクロ政策として唯一決定したのが消費税増税であったというのは、喜劇的でもあり悲劇的でもあった。

このようなリーマン・ショック後の日本の政治的・政策的混迷を経て成立したアベノミ

クスは、世界大不況の中での国内的不況克服策としての役割を、いわば「周回遅れ」で果たさなければならなかった。そして、他の主要先進国と比較した日本の政策の遅れがとりわけ金融政策にあった以上、その役割は何よりも、黒田日銀による「異次元金融緩和」によって担われなければならなかったのである。

2 世界大不況の発端――サブプライム問題からリーマン・ショックへ

†サブプライム住宅バブルとは何か

世界大不況の発端は、二〇〇〇年代初頭のアメリカにおける住宅価格の急上昇と、その暴落である。この住宅価格の上昇は、その後サブプライム住宅バブルと呼ばれ、その崩壊はサブプライム危機と呼ばれるようになった。そのサブプライム住宅バブルの崩壊が、二〇〇八年九月のリーマン・ショックをもたらし、それが「百年に一度の危機」と呼ばれる経済危機をもたらした。そこで生じた経済的な損傷は、リーマン・ショック後およそ一〇年が経過しても、完全に癒されてはいない。

問題の焦点は、サブプライム住宅ローンにあった。これは、住宅ローンのうち、優良客であるプライム層よりも下位の「サブプライム層」に対して貸し付けられる住宅ローンのことである。このサブプライム住宅ローンは、二〇〇〇年代以降およそ二〇〇六年頃まで、住宅価格の上昇を伴いつつ急拡大した。これがサブプライム住宅バブルである。そしてサブプライム危機とは、二〇〇六年頃から始まった住宅バブルの崩壊、すなわち住宅価格の急速な下落に伴って生じた、関連金融機関の経営悪化と金融市場の混乱のことである。

アメリカは、世界最大の経済大国でありながら、二〇〇〇年代初頭時点で人口の約二割が年間所得五千ドル（為替レートを一ドル一〇〇円とすると日本円で約五〇万円）以下という、世界有数の格差大国である。こうした貧困層は、従来は都市のダウンタウンで借家住まいをするというのが一般的であった。ところが、二〇〇〇年代に入ると、そうした貧困層の中から、貧困者居住地域を抜け出して新築の一軒家を購入する人々が急速に増加していった。それは、必ずしも彼らが経済的に裕福になったからではなく、彼らが金融機関から容易に住宅ローンを提供してもらえるようになったからである。これこそがまさに、サブプライム住宅ローンである。

アメリカの住宅ローン市場では従来から、債務返済能力の高い優良な借り手を対象とするプライム市場と、既に過大な債務を負っているとか、これまでに債務の返済を延滞しているような借り手を相手とするサブプライム市場とが分け隔てられてきた。このサブプライム市場が対象とする住宅ローンの借り手は、貸し手である金融機関からすれば、貸した資金が帰ってこない可能性が高いという意味で、「貸し倒れリスク」の高い相手であった。そのため、その層の借り手に対しては、仮に金融機関が住宅ローンを提供するにしても、十分に審査をした上のことであったし、その貸出金利も、リスクがある分だけプライム市場よりも高めに設定されるのが普通であった。

ところが、一九九〇年代末以降、このサブプライム層への住宅ローンが顕著に拡大し始めたのである。それは、金融機関の側が、ローンの審査基準を緩めるとか、当初の金利の一部を減免して借り手の負担を見かけ上減らすというやり方が一般化したためである。その背景として指摘されるのは、住宅ローンの証券化と、住宅価格の急騰である。この二つは、それぞれが原因となり結果となって、二〇〇〇年代前半のアメリカ住宅市場におけるサブプライム住宅バブルを演出することになる。

†住宅ローンの証券化とは

住宅ローンを含むあらゆるローンには、借り手と貸し手が存在する。ローンの証券化とは、要するにこの貸し手の持つ債権を転売する仕組みのことである。住宅ローンの場合には、個々の債権は金額的に小口であり、信用リスクすなわち返済可能性はそれぞれ千差万別であるため、個々の債権をそのままのかたちで転売することは難しい。そこで、アメリカの金融機関は、この種々雑多な住宅ローン債権を、低リスク、中リスク、高リスクなど、信用リスクごとに大雑把にグループ化し、それを元手に新たな証券を作り出した。これが、住宅ローン担保証券（Residential Mortgage-Backed Security：RMBS）あるいは不動産担保証券（Mortgage-Backed Securities：MBS）である。

このように住宅ローン債権を証券化することの、貸し手である金融機関側からみたメリットは、債権を容易に転売できるようになるという点にある。それは、金融機関がサブプライム層への住宅ローン提供を拡大させることに、大きく寄与した。というのは、債権が簡単に転売できるようになれば、あらゆる金融機関にとっての最重要事である保有資産のリスク管理が格段に容易になるからである。

実際、住宅ローンを提供するアメリカの金融機関は次第に、サブプライム層に対してさえほとんどろくな審査もせずにそれを行うようになり、さらには低所得層の中に積極的に借り手を探し求めるようになった。当然ながら、その過程で、不動産担保証券に代表される証券化商品が、欧州諸国を中心とする世界各国の金融機関や投資家に転売されていった。

アメリカの不動産市場では、こうして急拡大したサブプライム住宅ローンの資金が流れ込み、空前の住宅建築ラッシュが起きた。こうした状況の危うさは、当初からある程度は指摘されていた。しかし、当時のアメリカでは、その状況の問題性を指摘する声は、「貧しい人々でさえピカピカの家に住めるようになった」新しい時代の到来を謳歌する声に、完全にかき消されてしまっていたのである。

†住宅価格の上昇からバブルへ

このように、サブプライム住宅バブルが起きた二〇〇〇年代前半のアメリカでは、低所得者が住宅ローンによってその生涯所得以上の新築住宅を購入することができてしまうという、明らかに異常な事態が生じていた。金融機関は本来であれば、仮に証券化による転売が可能であったとしても、そのような貸し倒れのリスクの高い相手に住宅ローンを簡単に提供することはないはずである。というのは、そのような高リスクの債権は、転売するにしてもその価格が大幅に割り引かれることになるはずだからである。

にもかかわらず、サブプライム住宅ローンは拡大した。それは、この時期に住宅価格それ自体が上昇していたからである。

アメリカの住宅価格動向を示す最も一般的な指標として使われるのは、S&Pケース・シラー住宅価格指数である。この指数には、どの地域の住宅価格を含めるかで、いくつかの種類がある。**図表2－1**は、アメリカの一〇大都市圏の地価を合成して推計された「一

図表 2-1：S&P ケース・シラー住宅価格指数（1995-2013 年）

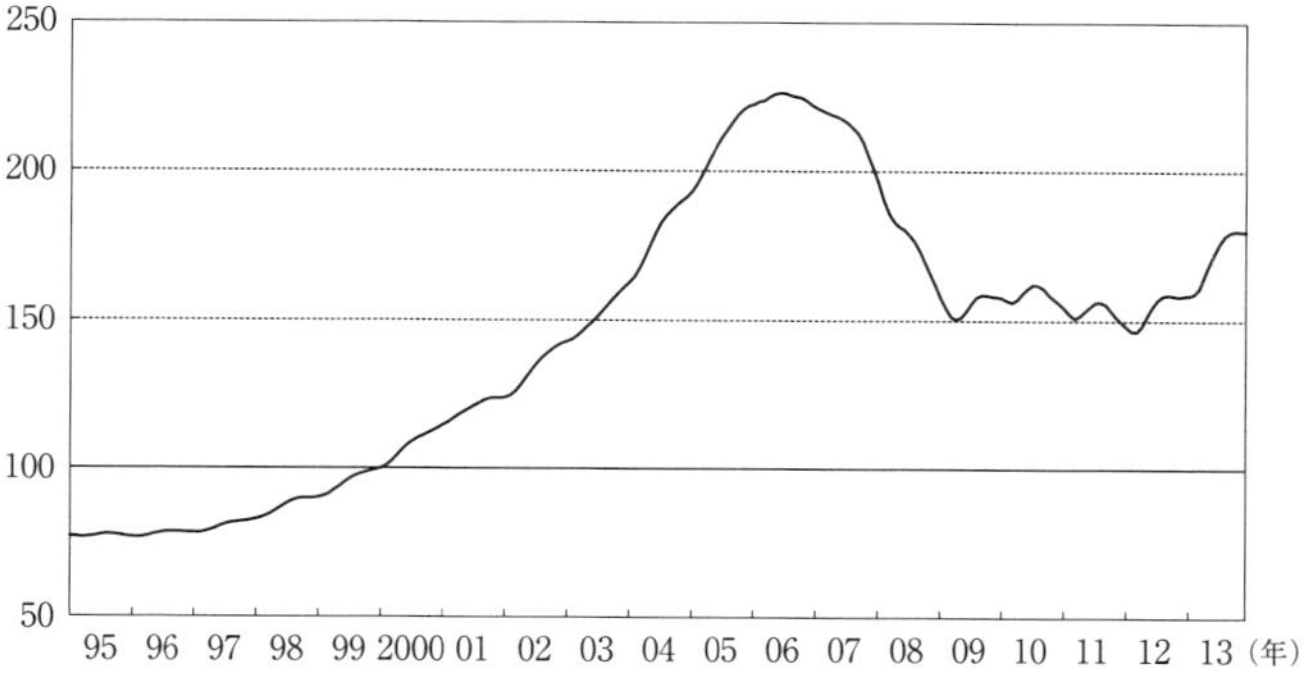

（注）全米 10 大都市圏（ボストン、シカゴ、デンバー、ラスベガス、ロサンゼルス、マイアミ、ニューヨーク、サンディエゴ、サンフランシスコ、ワシントン）の合成指数
（データ出所）S & P Dow Jones Indices ホームページ

〇大都市圏指数」である。この図から、アメリカの住宅価格は、一九九〇年代は概ね安定していたが、九〇年代末から上昇し始め、そのトレンドが二〇〇六年頃まで続いていたことがわかる。この二〇〇六年が、アメリカにおける住宅価格上昇のピークである。その後は、世界経済危機に突入した二〇〇八年末まで、住宅価格の低下が続いている。

　このように、アメリカの住宅価格は、地域によってばらつきはあるものの、一九九〇年代末から二〇〇六年まで、ほぼ一方的に上昇し続けた。これがサブプライム住宅バブルと呼ばれるのは、住宅価格のこの急上昇が、アメリカの住宅需要が低所得層も取り込みつつ拡大する中で生じたものだったからである。

このように住宅価格が上昇し続けたことは、金融機関による安易な住宅ローン提供をますます増長させるように作用した。というのは、住宅価格が上昇するのであれば、仮に借り手のローン支払いが滞ったとしても、住宅ローンの担保である借り手が購入した住宅そのものを売却すれば、金融機関は必ず債権を回収できてしまうからである。多くの金融機関が、一九九〇年代末から二〇〇六年までの住宅価格の上昇局面で、審査もそこそこにサブプライム層への住宅ローン提供に邁進したのは、そのためである。

†住宅バブル崩壊から金融危機へ

ところで、アメリカでサブプライム住宅バブルが盛り上がっていた頃、繁栄を謳歌していたのは、住宅ローンの証券化やその販売に深く関与していたアメリカの金融機関、とりわけ投資銀行であった。そこで生み出された証券化商品は、欧州を中心とする世界各国の金融機関に売却されていった。投資銀行やヘッジファンドなどを含む金融機関は他方で、その証券化商品を含むリスク資産に対して、自ら過大な投資を行っていた。

ハイリスク＝ハイリターンという言葉があるように、投資においてはリスクと収益は常に裏腹の関係にある。住宅価格が上昇し続けている間は、サブプライム証券のようなリスク資産は、高いリスクのゆえにこそ大きな収益を生む。ところが、住宅価格がいったん下落し始めると、今度はすべてが逆に回転し始める。

まずは、住宅ローンの返済延滞や貸し倒れが増加する。その結果、金融機関は住宅ローンの提供に慎重になる。そうすると、住宅への需要は減少し、住宅価格はますます低下する。それは当然、住宅ローン担保証券のような証券化商品の価値下落をもたらす。そうなれば、証券化商品を含むリスク資産への投資によってそれまで大きな収益を得てきた金融機関は、一転して大きな損失を被ることになるのである。

この住宅バブル崩壊の影響は、早くも二〇〇六年には具体的な形で現れ始めた。二〇〇六年末には、アメリカの住宅ローン専門金融機関のいくつかが業務停止に追い込まれた。二〇〇七年四月には、サブプライム住宅ローン専門金融機関の最大手であったニュー・センチュリー・フィナンシャルが破綻した。二〇〇七年後半になると、住宅ローン担保証券や不動産担保証券といったサブプライム住宅ローンを組み込んだ証券化商品の価格下落が、それらを最も積極的に購入し保有していたヘッジファンドの破綻となって現れ始めた。また、欧州のいくつかの金融機関にも、同様な問題が生じ始めた。

二〇〇八年三月には、米大手投資銀行の一角であったベア・スターンズが破綻した。そして、二〇〇八年九月に米投資銀行リーマン・ブラザーズが破綻し、サブプライム危機に発する世界的金融危機は、遂にそのクライマックスを迎えることになる。
こうしたサブプライム住宅バブルの崩壊に伴う金融機関の破綻拡大は、金融市場に深刻な金融不安をもたらした。それは、リーマン・ブラザーズの破綻を契機に、世界的な金融危機へと拡大していくことになる。
図表2−2は、一般にTEDスプレッドと呼ばれる、米国債三カ月物金利とロンドン銀行間取引金利ドル三カ月物との金利差である。これは、金融市場の混乱の度合いを示す指標としてよく用いられるものの一つである。一般に、国債金利と銀行間の取引金利は、リスクの分だけ後者が前者を上回ってはいるが、少なくとも平時においては、期限が同じであればそれほど大きな格差はない。しかし、金融機関の破綻などによって金融市場で信用不安が高まると、資金が安全資産である国債に流れるため、国債利回りは低下する。他方で、銀行間の取引金利は、銀行への貸出が貸し倒れになる不安から上昇する。その結果、TEDスプレッドは拡大する。つまり、TEDスプレッドの大きさは、「金融市場における信用不安の程度」を示すものと考えられるのである。
図表2−2を見ると、サブプライム住宅バブル崩壊の影響が現実の金融機関の破綻となって現れるごとに、TEDスプレッドの値が大きく跳ね上がっていることがわかる。そこには、主に四つの大きな「山」があった。まず、二〇〇七年八月に、フランスの大手銀行

図表 2-2：銀行間ドル金利、米短期国債金利、および金利スプレッド（2006-2009 年）

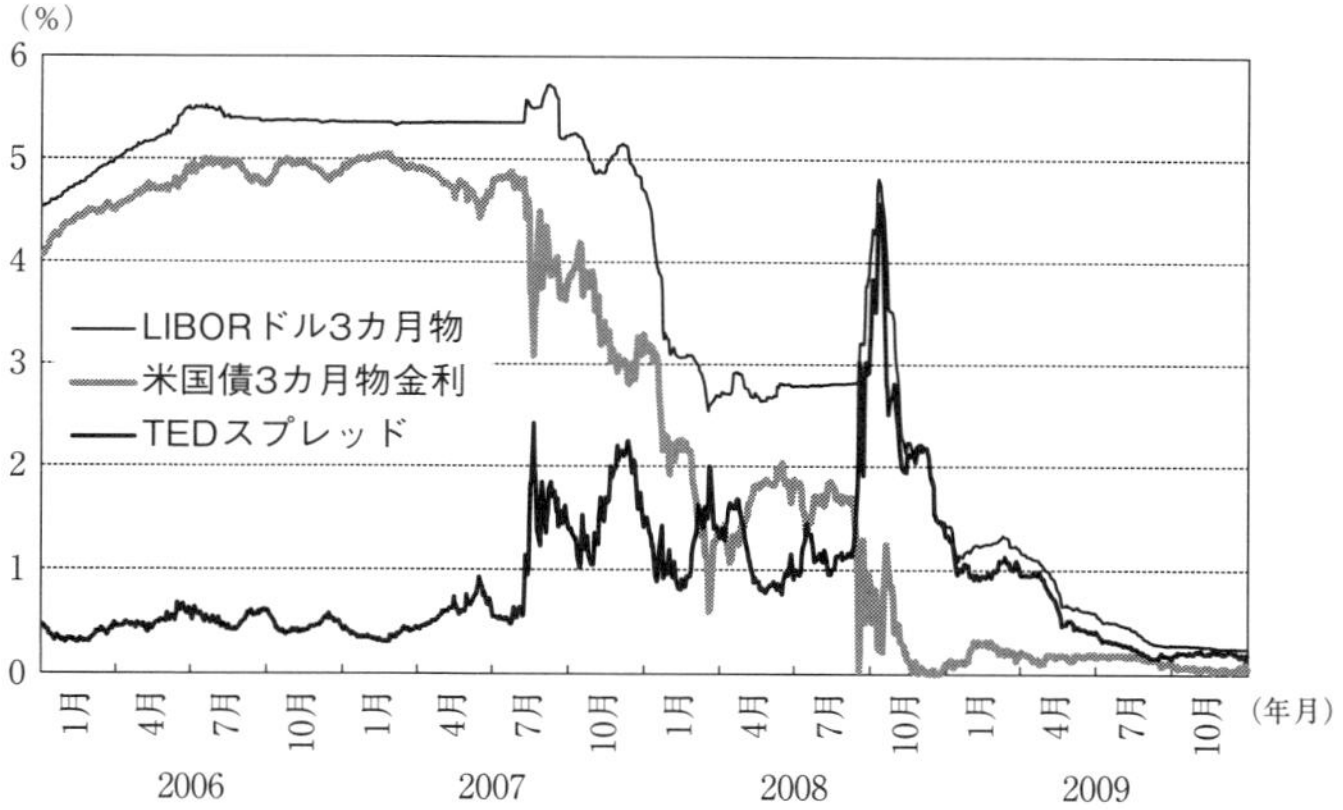

（データ出所）The Federal Reserve Bank of St. Louis ホームページ

BNPパリバ傘下のヘッジファンドが解約を凍結したことから、国際金融市場においてパリバ・ショックと呼ばれる金融不安が生じた。二〇〇七年末には、もっぱら住宅ローン担保証券等で運用を行っていたSIV（Structured Investment Vehicle）と呼ばれる特殊な金融機関が発行する資産担保コマーシャル・ペーパー（Asset-Backed Commercial Paper：ABCP）のデフォルトが生じたことで、金融不安が高まった。二〇〇八年三月には、ベア・スターンズが破綻し、危機はアメリカの投資銀行という本丸にまで及んでいることが明らかになった。

しかし、それらは結局、真の危機への露払いにすぎなかった。同年九月に、リーマン・ブラザーズが破綻し、アメリカの政策当局がそれを救済しなかったことから、金融市場はまさに恐慌状態に陥った。それは、TEDスプレッドがこの時、五％近くにまで跳ね上がったことに示されている。

3．なぜ日本が最も大きく落ち込んだのか

†金融危機から世界大不況へ

このように、サブプライム危機を背景として生じた金融不安は、米投資銀行リーマン・ブラザーズの破綻を契機として、世界的な金融危機へと発展した。そして、それは結果として、世界経済に世界大恐慌以来の「百年に一度の危機」をもたらし、その後の世界大不況をもたらしたのである。

リーマン・ショックによる金融危機は、まずは設備投資の急激な縮小という形で実体経済に影響を与えた。**図表2－3**は、アメリカにおける民間設備投資の動向である。リーマン・ショック後の二〇〇八年第4四半期から二〇〇九年第1四半期にかけて、民間設備投

資があらゆる項目で急激に縮小したことがわかる。これは、金融危機によって金融市場が機能不全に陥ったことで、民間企業による設備投資のための資金調達が困難になったためである。

図表2―4は、アメリカにおける非農業部門雇用者と完全失業率の動向である。その二つの指標は、二〇〇八年後半から二〇〇九年にかけて顕著に悪化した。民間設備投資は一般に、民間消費や政府支出に次ぐ国内需要の主要な構成項目である。民間設備投資が縮小すれば、労働需要が減少し、雇用者は減少し、失業率は上昇する。これは、マクロ経済全体の需給ギャップが拡大し、国内所得が落ち込んでいくことを意味する。

†不況の世界的伝播は金融ルートから貿易ルートへ

このように、リーマン・ショックを契機とする金融危機は、まずはアメリカ経済に急激な景気悪化をもたらした。そして、それを起点とする経済的収縮は、直ちに世界全体に波及していった。その経路には、主に金融ルートと貿易ルートの二つがあった。

欧州の金融市場は、二〇〇七年八月のパリバ・ショックが示すように、アメリカのサブプライム住宅バブルが破裂し、サブプライム関連証券の下落が始まっていた二〇〇七年には既に、深刻な金融不安に直面していた。その不安の最中に起きたリーマン・ショックは、

図表 2-3：アメリカの民間設備投資とその内訳（2004-2009 年）

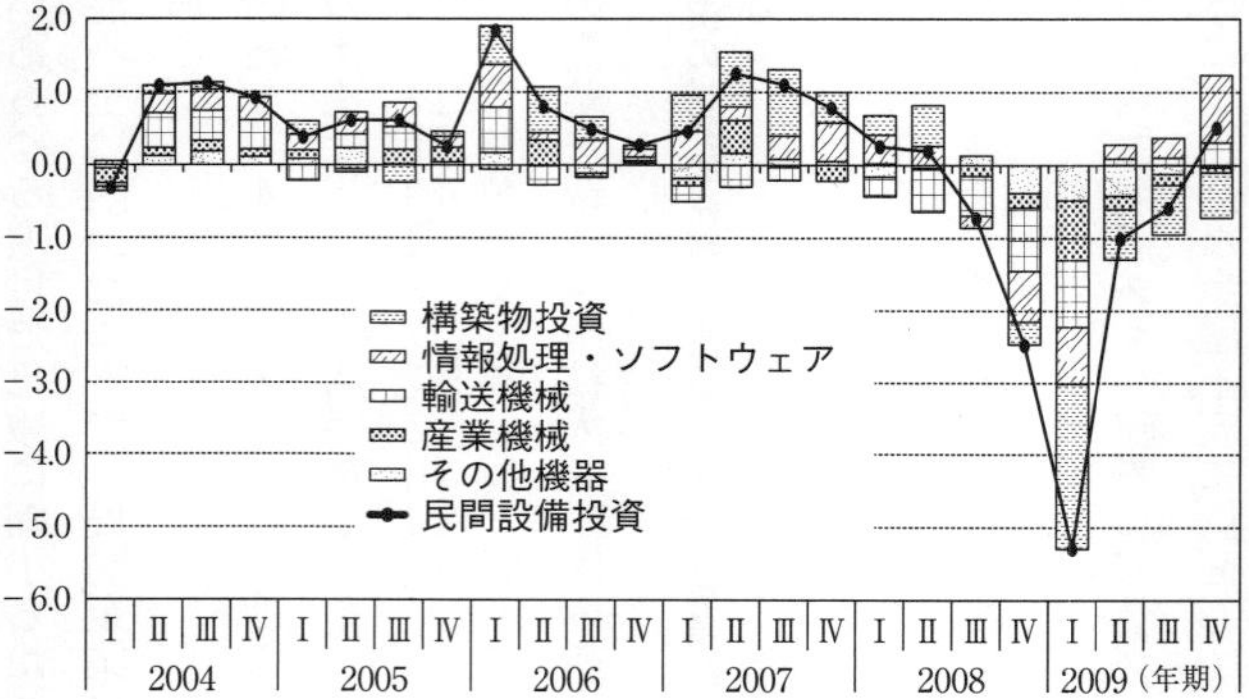

（注）実質 GDP 成長率への寄与度
（出所）U. S. Department of Commerce のデータに基づいて作成された経済産業省『通商白書 2010』第 1-2-1-12 図を転載

図表 2-4：アメリカの非農業部門雇用者数増減および失業率（2000-2009 年）

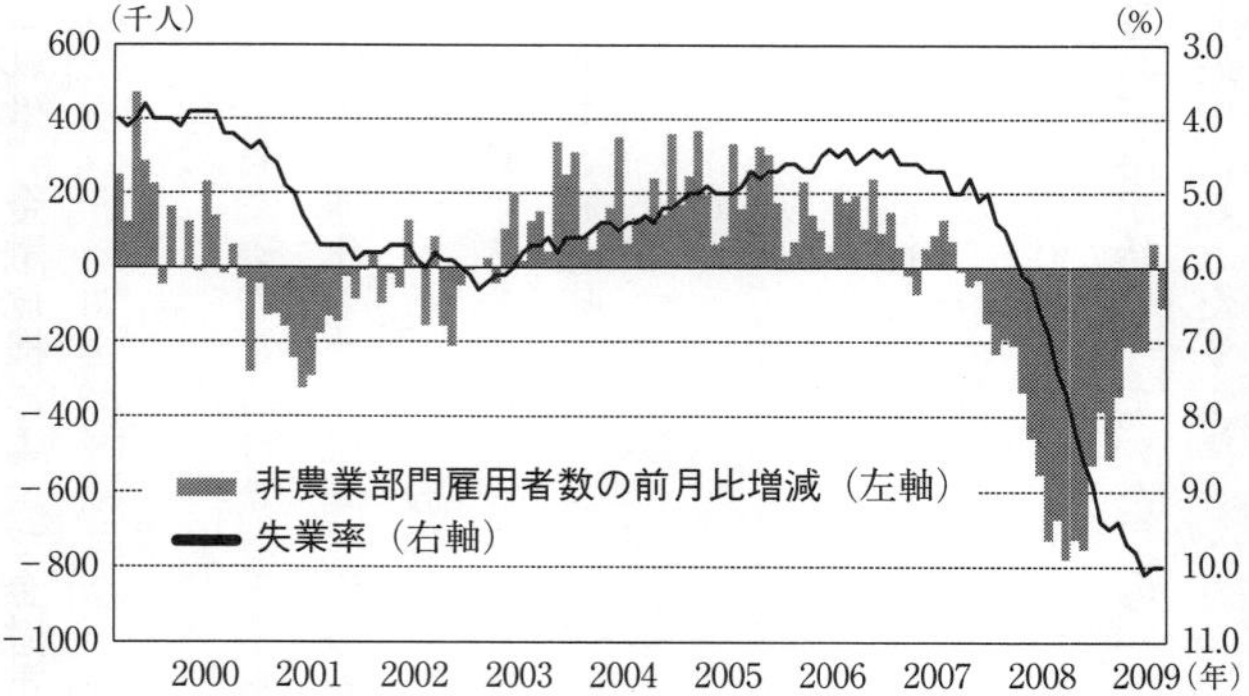

（注）失業率は季節調整値
（データ出所）U. S. Bureau of Labor Statistics ホームページ

欧州金融市場の瓦解を決定的なものにした。とりわけ、イギリス、アイルランド、アイスランドなど、欧州の中でも金融セクターの経済的な比重が大きかった国ほど、それによって大きな経済的損失を被った。一九八〇年代以降に進展した金融市場の世界的なグローバル化は、アメリカで生じた金融危機をアメリカ一国内に留めておくことを許さなかったのである。

こうした金融恐慌の世界的拡大は、アメリカの場合と同様、各国の投資需要の急激な収縮をもたらした。さらに、それに伴って各国ともに失業が急激に拡大したことから、各国の民間消費も落ち込んだ。こうした各国の民間投資や民間消費の縮小は、投資財や耐久消費財への需要の世界的な減少として現れた。その影響を最も強く受けたのが、経済における工業製品輸出の依存度がとりわけ高い、日本、中国、韓国、ドイツなどの国々であった。日本、中国、韓国、ドイツはいずれも、工業製品の生産に比較優位を持つ国々である。そして、その製造品の多くは、輸送機械、工作機械、電気・電子製品やその部品といった、投資財や耐久消費財である。それらは、景気が悪化して企業や家計が支出を減らそうとする時に、真っ先にその対象になりがちな生産物である。これらの国々が、リーマン・ショック後の世界的な貿易縮小の影響を最も強く受けたのは、そのためである。

日本経済は、リーマン・ショック以降に生じた工業製品需要の世界的な縮小によって最

図表 2-5：各国の実質経済成長率（2006-2010 年）

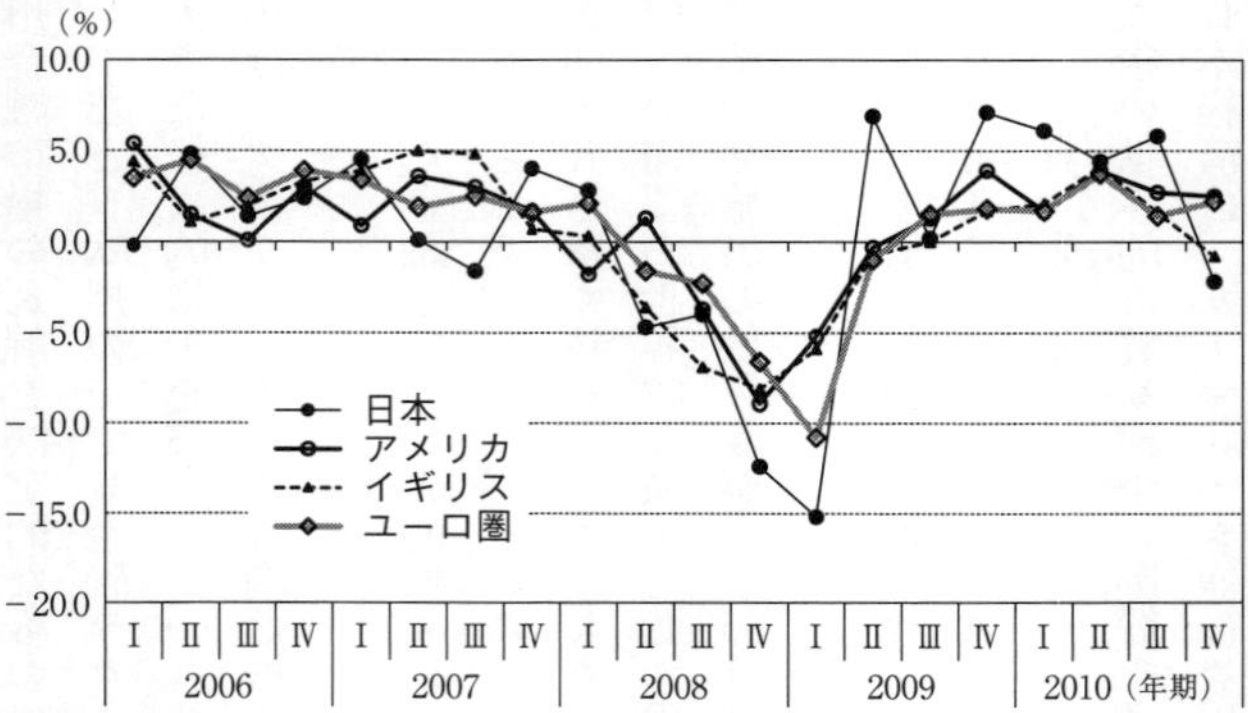

（注）季節調整値、前期比年率（%）
（データ出所）外務省経済局国際経済課『主要経済指標』各号

も大きな影響を受けた国の一つであった。それは端的に、国内総生産（Gross Domestic Product：GDP）の急減という形で現れた。

図表 2－5は、リーマン・ショックを挟んだ時期の、日本、アメリカ、イギリス、ユーロ圏の実質経済成長率である。いずれも、リーマン・ショック後の二〇〇八年第4四半期から二〇〇九年第1四半期にかけて、成長率の急激な低下を示している。しかし、その中でもGDPが最も大きく落ち込んだのが日本であった。日本経済はつまり、世界経済危機の震源地であったアメリカや、サブプライム住宅バブル崩壊による金融危機の影響を最も大きく受けた国の一つであるイギリスよりも、結果としては大

きな経済的損失を被ることになったのである。

こうした日本経済の収縮が、金融ルートによるものではないことは明らかであった。というのは、アメリカでサブプライム住宅バブルが拡大していた時期においても、欧州の金融機関とは異なり、日本の金融機関の多くはサブプライム関連投資には積極的ではなかったからである。日本の金融機関が一九九〇年前後のバブル崩壊以降に拡大し続けてきた不良債権の処理をようやく終えたのは、アメリカのサブプライム住宅バブルがその頂点にあった二〇〇五年から〇六年頃のことである。つまり、日本の金融機関は、その時期にはまだ新たなリスクテイクを行う余裕を持っていなかったのである。

そのため、日本国内の金融機関に関しては、リーマン・ショック以降の世界的な金融混乱に巻き込まれた事例はほとんど存在していなかった。結果として、実体経済の収縮が続く中でも、日本の金融市場それ自体はきわめて平静に保たれていた。

†不況下の円高が輸出産業を直撃

結局のところ、リーマン・ショック以降の日本の経済成長率の急激な低下は、基本的には貿易ルートすなわち輸出の急減を契機とするものであった。とはいえ、問題は単に輸出だけにあったわけではない。というのは、日本と同様に当初は輸出ルートの縮小から実体

図表 2-6：韓国ウォンの対日本円為替レート（2004-2013 年）

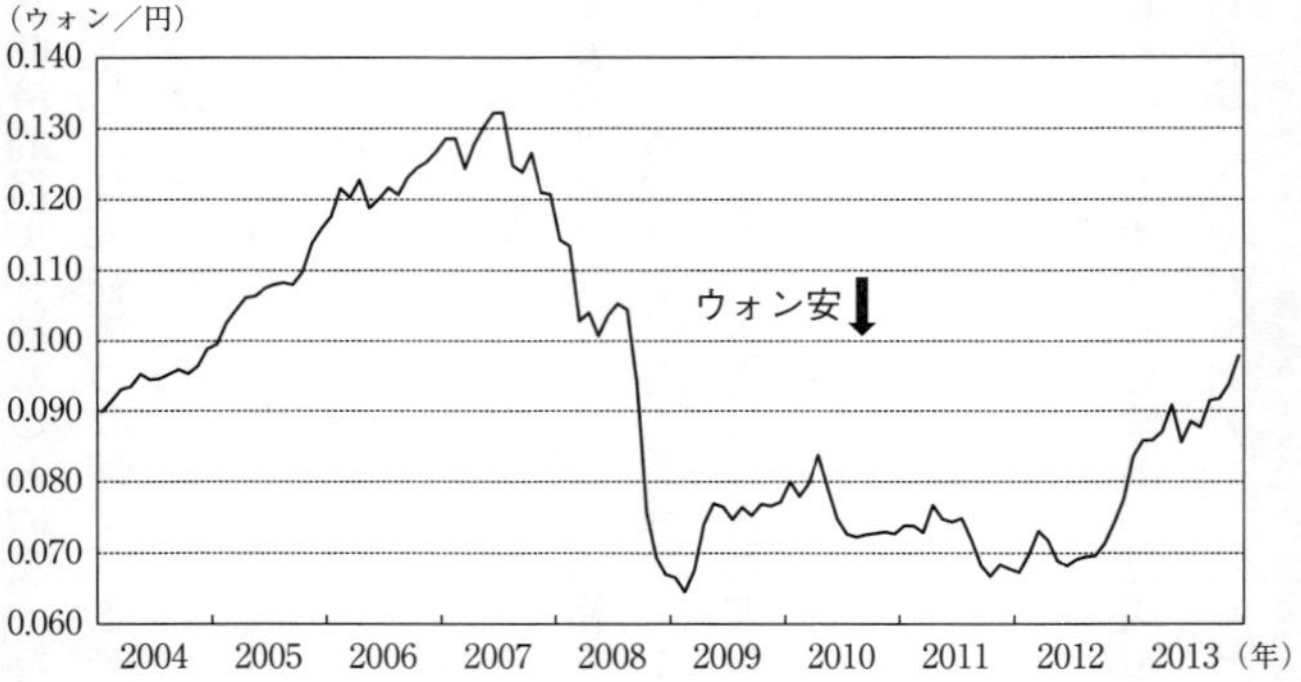

（データ出所）Investing.com ホームページ

経済の急激な落ち込みを経験していた中国、韓国、ドイツ等は、二〇〇九年後半以降はV字回復を果たしていたからである。

日本とこれら工業製品輸出国との最も大きな相違は、リーマン・ショック以降の為替レートの動きにあった。まず、二大国際通貨である米ドルとユーロは、リーマン・ショックによる世界的金融混乱を受けて、円に対して大幅に減価した。また、当時の中国は人民元の対ドル為替レートを割安な水準で固定するドルペッグ政策を行っていたため、米ドルの下落に伴って人民元もまた下落した。さらに、韓国ではリーマン・ショックの影響で国内の金融市場に信用不安が発生したために、韓国ウォンもまた円に対して大幅に下落した。それに対して、国内の金融市場が安定していた日本の円は、国際金融市場では「安全資産」とみなされて、他の通貨からの資本逃避の受け皿となっていた。

こうしたことから、円の為替レートは、リーマン・ショック以降、ドル、ユーロ、元、ウォンという世界の主要通貨に対して、大幅に切り上がったのである。それは、世界の工業製品市場を日本と激しく争ってきた中国、韓国、ドイツ等の国々が、その割安な為替レートによって、自国の工業製品輸出を日本に対して大幅に有利化させたことを意味した。

特に、日本とこれらの国々が従来から激しく競合してきた電気・電子製品のような市場においては、日本企業はライバル企業から厳しい圧迫を受けた。日本を代表する家電企業であったソニー、パナソニック、シャープ等の苦境、それと対照的なサムソン、LG電子等の韓国電機メーカーの躍進は、各国企業の盛衰が、**図表2-6**のような当該国間の為替レート動向にいかに大きく左右されるかが示された実例といえる。

このように、日本は自国通貨の為替高から経済的苦境に陥り、リーマン・ショック後の世界大不況の中で最も低迷した国の一つになった。それは皮肉にも、自国の金融市場が比較的に安定していたがゆえのことであった。

†円高をもたらした政府と白川日銀の無作為

とはいえ、こうして生じた円高を、円が安全資産であるゆえの宿命のように考えるわけにはいかない。というのは、変動相場制の下での為替レートは、単に外国為替市場における各国通貨への需要だけではなく、その供給によっても影響を受けるからである。そして、その通貨供給を担っているのは、各国の通貨当局あるいは中央銀行なのである。

そこで最も問題だったのは、リーマン・ショック以降に進行した円高が、日本経済に深刻な打撃を与えていることが明白であったにもかかわらず、政府と日銀の双方において、その円高を是正しようとする政策努力がほとんど行われなかった点にある。

後述のように、円高を是正するためまずは必要なのは、徹底した金融緩和であった。しかし、当時の日銀総裁であった白川方明は、量的緩和のような非伝統的金融政策に対する強硬な反対論者として知られていた。白川は事実、そうした政策の導入を拒み続けた。

また、リーマン・ショックの直後に成立した麻生自民党政権は、景気対策としてはもっぱら財政政策に重点を置いており、金融政策に関してはこの白川日銀の不拡大方針を是認し続けた。さらに、二〇〇九年九月には総選挙による政権交替を経て鳩山由起夫民主党政権が誕生したが、そこで財務大臣に就任した藤井裕久は、為替市場で円高が急激に進むなかであえて円高を称揚し、円高をより一層加速させたのである。

4. 主要中央銀行における非伝統的金融政策の展開

†金融恐慌の本質

米投資銀行リーマン・ブラザーズの破綻を契機に、世界の金融市場が大混乱に陥って以降、世界の主要中央銀行は、堰を切ったように政策金利を引き下げ、金融市場への大量の資金供給を行った。その直接の目的は、崩壊しつつあった金融市場の安定化にあった。

アメリカ政府がリーマン・ブラザーズを救済せずに破綻するにまかせたことで、欧米諸国の金融市場は、まさに恐慌状態に陥った。そして、金融市場には「次に破綻するのはどこか」という疑心暗鬼が蔓延した。金融市場のプレイヤーたちは、資金繰りに問題がありそうな企業や金融機関から、資金を一斉に引き上げ始めた。さらには、自らが市場の標的になることを防ぐために、リスク資産を投げ売って、現金や安全資産の確保に邁進した。これこそがまさに、資本主義の歴史とともに古い金融恐慌であった。

金融恐慌は一般に、民間金融機関が先を争うように安全資産である現金を確保しようとする結果として生じる。つまり、現金の奪い合いこそが、金融恐慌の本質である。しかし、市場が渇望するこの現金は、中央銀行以外には誰も供給することができない。そのため、金融恐慌がいったん発生した場合には、問題を解決する手段は一つしかない。それは、民間金融機関の間で生じるこの現金の奪い合いが収まるまで、中央銀行が無制限に資金供給を行うことである。それが、ジャーナリストでありまた偉大なエコノミストでもあったウォルター・バジョットが、その主著『ロンバード街』(一八七三年)の中で、中央銀行が果たすべき必須の役割として位置付けた「最後の貸し手」機能である(Bagehot [1999])。

実際、リーマン・ショックの直後から、米連邦準備制度銀行(Federal Reserve Bank:FRB)、イングランド銀行(The Bank of England:BOE)、欧州中央銀行(European Central Bank:ECB)のベースマネー供給は、急激に拡大した。このベースマネーとは、中央銀行が市場から国債等の資産を買い入れた見返りに市場に供給する現金あるいは中央銀行預金のことである。民間金融機関は通常、余剰の現金を中央銀行への預金として保有しているので、現金と中央銀行預金は事実上同じものと考えることができる。したがって、この時にベースマネーが拡大したことは、これら中央銀行が、金融恐慌における最後の貸し手として役割に基づいて、金融市場に大量の資金供給を行っていたことを意味する。

リーマン・ショックの直後に行われたこの金融危機対応の金融緩和は、二〇〇九年の初頭にはその役割を基本的に終えた。それは、これら主要中央銀行による懸命の資金供給が奏功し、金融市場が安定を取り戻し始めたからである。その結果、FRB、BOE、ECBのベースマネー供給は、二〇〇九年前半にはいったん縮小した。

†金融政策における伝統と非伝統

しかし、「百年に一度」と形容される各国の実体経済の急激な縮小が始まるのは、まさにそれからであった。先進諸国の実質経済成長率は、二〇〇九年の第Ⅰ四半期には、おおむねマイナス一〇％以上にも達した（**図表2－5**）。こうした各国の経済活動の急激な落込みは、幸いにも二〇〇九年半ばには底を打った。しかし、景気の遅効指数である各国の完全失業率は、翌二〇一〇年あるいはそれ以降まで上昇し続けた。

一般に、経済成長率が低下し、失業率が上昇しているという場合、まず行われるべきは、中央銀行による政策金利の引き下げである。しかしながら、二〇〇八年末までの金融危機対応の局面において、主要中央銀行の政策金利は、既にその下限に達していた。そのため、これら主要中央銀行は、景気回復のためのより以上の金融緩和を模索する結果として、必然的に非伝統的金融政策としての量的緩和に移行していくことになったのである。その経緯と、非伝統的金融政策の理論的背景については、野口［2015］が詳細に論じている。

ここで、伝統的金融政策そして非伝統的金融政策とは何かについて説明しておこう。この両者は、政策金利を金融政策の操作目標として設定しているのか否かで区別される。中央銀行が政策金利として定める金利は、一般的には銀行間の短期金融市場金利である。日本、アメリカ、ユーロ圏諸国、イギリス、オーストラリアの中央銀行、すなわち日本銀行、FRB、ECB、BOE、オーストラリア準備銀行（Reserve Bank of Australia：RBA）はそれぞれ、日銀はコールレート（無担保翌日物）、FRBはフェデラルファンドレート、ECBは短期オペ最低応札レート、BOEはオフィシャルバンクレート、RBAはオフィシャルキャッシュレートを政策金利としている。

伝統的な金融政策とは、この政策金利の操作によって、雇用や物価や所得などの一国のマクロ経済状況を安定化させようとする政策である。中央銀行が不況期に政策金利を引き下げれば、それに伴って金融市場における各種金利が低下し、企業や家計の借り入れが増加する。そうなれば、民間投資や消費が拡大することで、不況によって縮小した雇用や所得の回復が期待できる。中央銀行は、景気過熱期には逆に、政策金利を引き上げる。それによって、企業や家計の借り入れが縮小し、物価の上昇が抑制される。これが、マクロ安定化政策としての金融政策における伝統的な政策手法である。

図2-7は、日銀、FRB、ECB、BOE、RBAという五大主要中央銀行における政策金利の推移である。この図から直ちに明らかになるように、二〇〇八年九月に起きた

図表 2-7：主要中央銀行の政策金利（2005-2013 年）

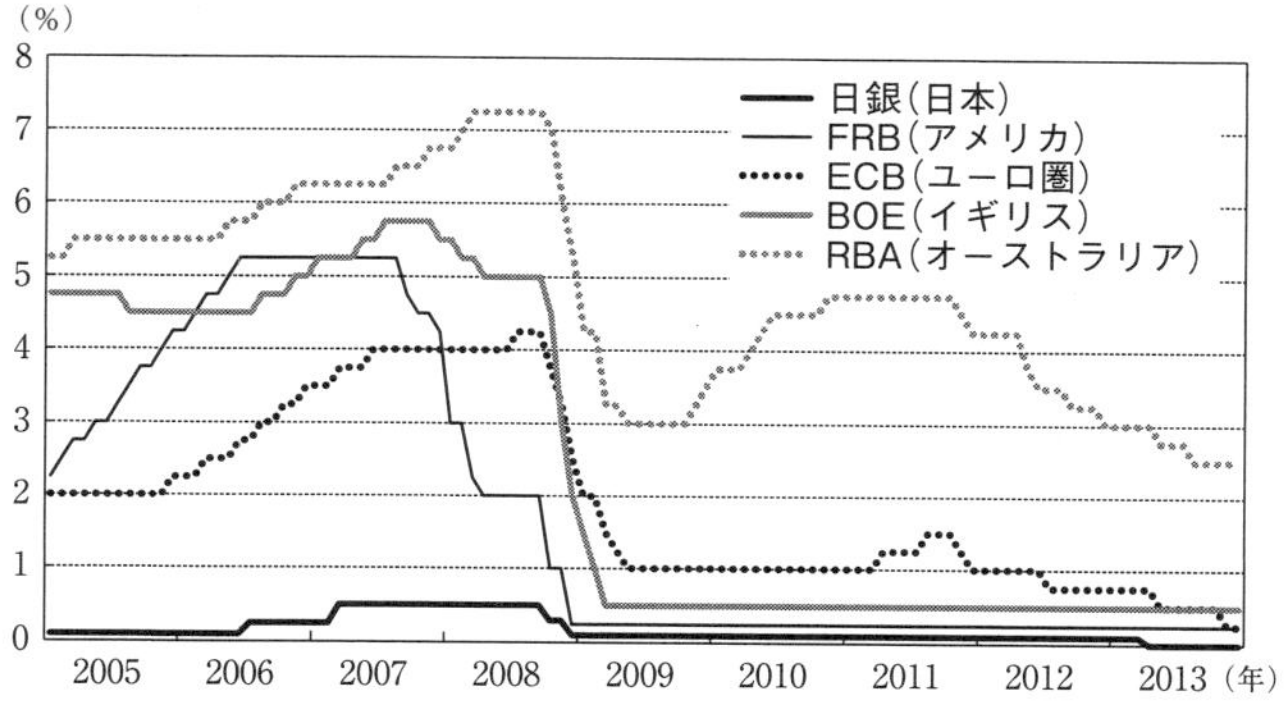

（データ出所）外務省経済局国際経済課『主要経済指標』各号

リーマン・ショックの直後から、これら中央銀行の政策金利は、切り立った崖から落とすがごとく急激に引き下げられた。そして、それら政策金利は、RBAのそれを例外として、二〇〇九年初頭には、ほぼゼロに近い水準にまで低下した。

このリーマン・ショックまでの主要中央銀行における政策金利の動きは、上述の伝統的金融政策そのものであった。米サブプライム住宅バブルのピークは過ぎたとはいえ、バブルの余韻によって世界的には景気拡大局面にあった二〇〇六年〜二〇〇七年頃までは、主要中央銀行の多くは、景気過熱抑制のために政策金利を徐々に引き上げていた。しかし、二〇〇七年末から二〇〇八年初頭になると、FRBとBOEは、政策金利の引き下げに動き始めた。それは、二〇〇八年三月のベア・スターンズ破綻が示すように、この時期には既にサブプライム住宅バブルの崩壊が欧米の巨大金融機関に深刻な経営上の問題を引き起こしており、景気それ自体も下降し始めていたからである。

金融市場では、ベア・スターンズ破綻の後にはやや小康状態が続いた。しかし、二〇〇八年九月にリーマン・ショックが生じたことで、その状況も一変する。それ以降、世界経済においては、金融危機とマクロ経済の収縮が未曾有の深度と速度で拡大していく。それによって、ECBやRBAといった、リーマン・ショックの直前まで政策金利を引き上げていた中央銀行でさえも、一転して急激な政策金利引き下げを余儀なくされたのである。

†非伝統的金融政策の「先駆」としての日銀

図2－7においてもう一つ特徴的なのは、日銀の政策金利コールレートの、他の中央銀行と比較した低さである。日銀は、福井俊彦総裁時代の二〇〇六年三月に、二〇〇一年三月に導入されて以来約五年間継続されていた量的緩和政策を解除した。さらに二〇〇六年七月には、短期市場金利コールレートの誘導目標を〇・二五％に引き上げた。そして、二〇〇七年二月には、政策金利をさらに〇・五％まで引き上げた。

日銀が二〇〇六年七月に政策金利操作という伝統的金融政策に復帰したのは、速水優総裁時代の一九九九年に、政策金利をゼロにする「ゼロ金利政策」に移行して以来のことである。日本経済は一九九〇年代末以降、管理通貨制度下ではあり得ないと考えられてきた「恒常的なデフレ」に陥っていた。日銀は、そこでまずはゼロ金利政策を導入し、さらには異端派の日銀政策審議委員であった中原伸之が提唱していた量的緩和政策を導入した。

この量的緩和政策とは、文字通り通貨あるいはベースマネーの供給量を増やすことを目的とした政策である。一般に金利にはゼロという下限が存在するが、ベースマネーの供給量には上限は存在しない。そこで、金利がもう引き下げできないというのであれば、今度は量を目標として金融緩和を行おうというわけである。

しかし、伝統的政策手段に拘泥していた当時の日銀首脳部にとっては、ゼロ金利政策や量的緩和政策といった非伝統的金融政策は、決してその本意ではなかった。その意味で、福井総裁時代に行われた量的緩和およびゼロ金利の解除という金融政策の正常化は、日銀の長年の悲願そのものだったのである。

しかし、日銀の悲願であったその伝統的金融政策への復帰は、二〇〇八年九月のリーマン・ショックによって、結局は二年ほどの束の間のエピソードとして終焉を迎えることになる。そしてその後は、FRBやBOEが量的緩和政策に移行し、やがて日銀やECBがそれに追随することで、世界的な非伝統的金融政策の時代が訪れる。その結果、二〇〇一

図表 2-8：主要中央銀行のベースマネー推移（2007 年を 100 とした指数、2007-2016 年）

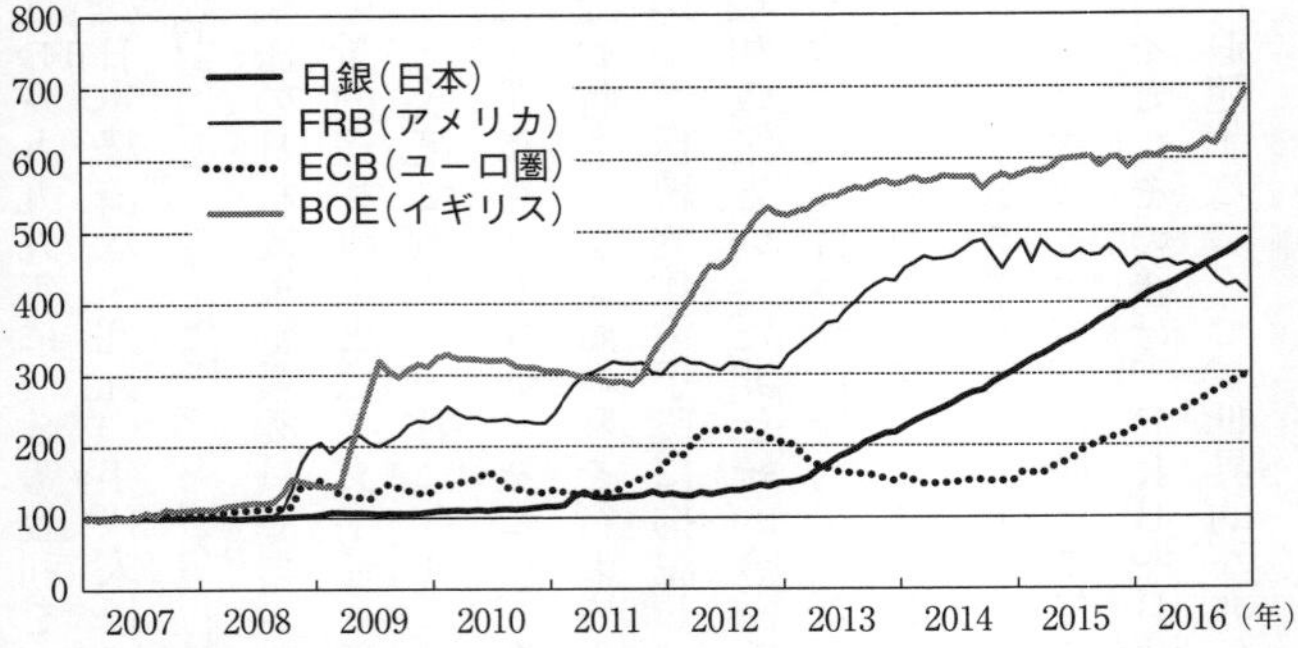

（データ出所）各中央銀行ホームページ

年から二〇〇六年までの、当の日銀にとっては不本意きわまりなかった量的緩和政策の経験は、皮肉にも「非伝統的金融政策の世界的先駆」として位置付けられることになるのである。

†世界的に展開された非伝統的金融政策

このように、日銀は二〇〇〇年代前半に量的緩和政策を先駆的に導入したが、それは単に日本のみがデフレだったらかにすぎない。それに対して、リーマン・ショック以降は、政策金利の引き下げの結果として、主要中央銀行が一様に「流動性の罠」とも呼ばれるような政策金利の下限に直面していた。

そこで、量的緩和政策を主導したのは、FRBとBOEであった。とりわけFRBは、当時の議長であったベン・バーナンキが学者時代からの量的緩和政策の理論的主導者であったこともあり、それを積極的に推進した。FRBは結局、QE1（二〇〇九年三月～二〇一〇年六月）、QE2（二〇一〇年一一月～二〇一一年六月）、QE3（二〇一二年九月～二〇一四年一〇月）と、三段階にわたる量的緩和拡大を実行したのである。BOEもまた、とりわけ二〇〇九年春以降、積極的な量的緩和を実行した。そうした政策の結果、**図表2-8**が示すように、FRBとBOEのベースマネーは、それ以降の数年にわたって急膨張した。

5. 第二次安倍政権の成立と政策レジーム転換

†安倍の総裁復帰を契機とした円安と株高へのトレンド転換

世界大不況は、まずはリーマン・ショックに発する世界的な金融危機から始まった。しかし、日本の場合には、金融機関の多くがサブプライム関連投資とは無縁だったことで、金融市場の混乱を免れることができた。それにもかかわらず、リーマン・ショック後の二〇〇九年前半における経済成長率の落ち込みは、先進諸国の中で日本が最も大きかった。そのような経済的低迷は結局、麻生自民党政権時代から鳩山、菅、野田の三代にわたる民主党政権時代にいたるまで続いた。

その状況を劇的に変えたのが、第二次安倍政権であり、アベノミクスであった。その徴候はまず、為替市場と株式市場に現れた。**図表2－9**および**図表2－10**が示すように、二〇一九年九月末の自民党総裁選における安倍の予想外の勝利を契機として、為替市場においては円安トレンドが、そして株式市場においては株高トレンドが明確に生じ始めたのである。

†金融政策と為替レートとの関連性

既述のように、黒田日銀が成立する以前の白川総裁時代の日銀は、量的緩和政策のような非伝統的金融政策にはきわめて懐疑的であった。白川日銀は実際、それ以前の速水総裁から福井総裁時代にかけて行われていた量的緩和政策をそのままのかたちで復活させることはなかった。

他方で、FRB、BOE、そしてECBは、リーマン・ショックの直後から、金融市場の安定化のために市場に大量の資金供給を行っていた。そして、FRB、BOEは、金融市場が落ち着きを取り戻してからも、そのまま量的緩和政策に移行し、ベースマネー金供給を拡大させ続けた。その結果、**図表2－8**が示すように、日銀のベースマネー供給の伸

図表 2-9：ドル円為替レートの推移（2008-2016 年）

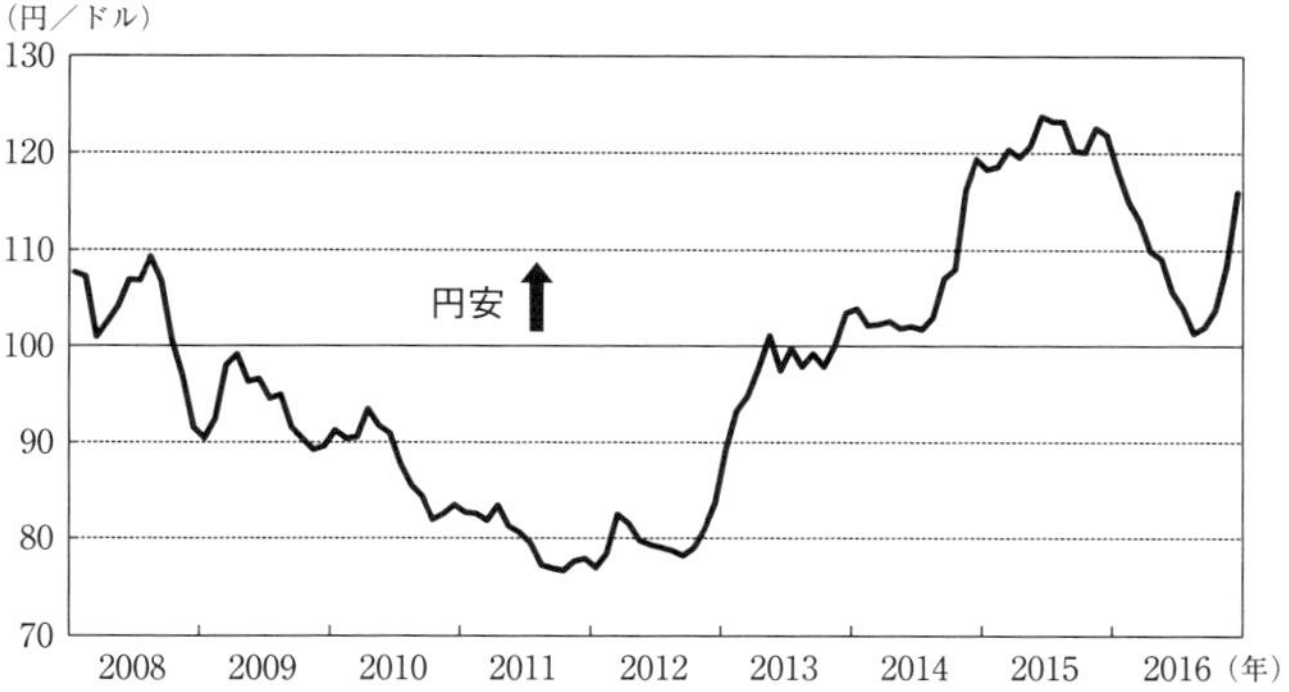

（データ出所）みずほ銀行ホームページ

図表 2-10：日経平均の推移（2008-2016 年）

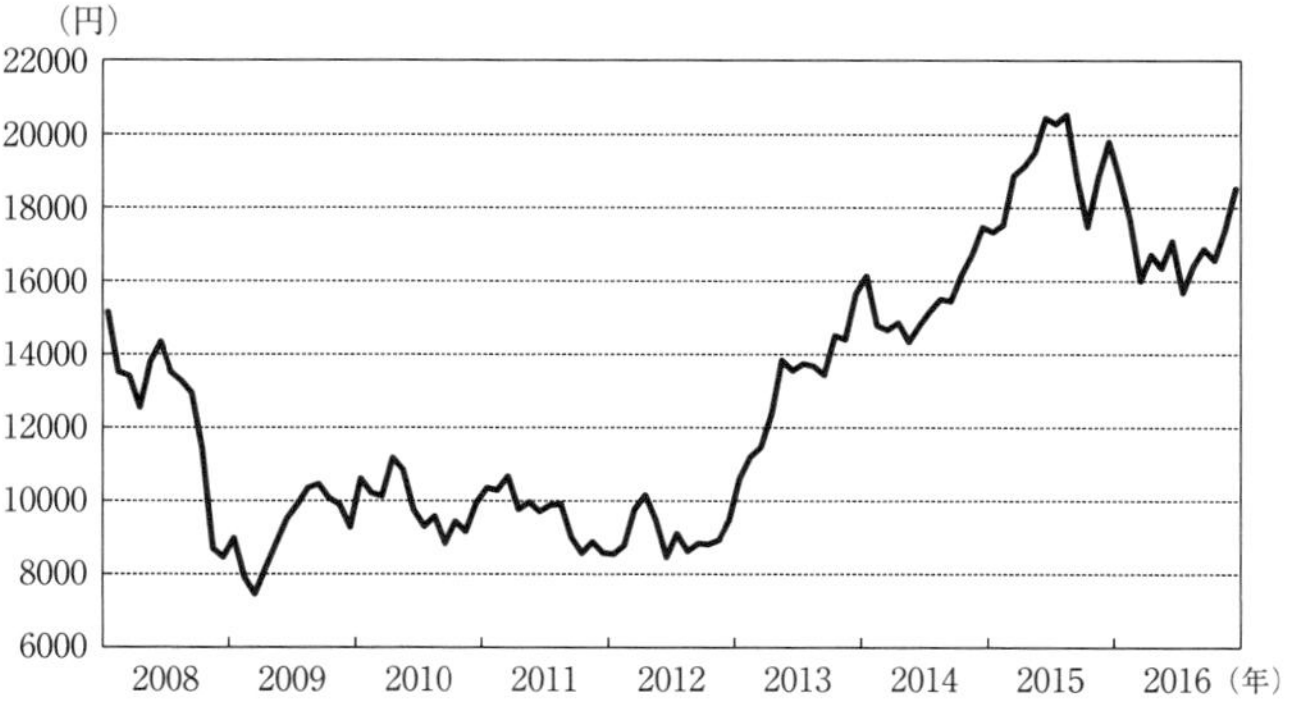

（データ出所）Yahoo! Finance ホームページ

びがFRB、BOE、ECBのそれを大きく下回るという状況が、黒田日銀が成立する二〇一三年四月頃まで続くことになった。リーマン・ショックの後に日本経済がひとり円高によって苦しむことになったのは、まさしくそれが根本的な理由であった。

一般に、ある国が金融緩和を行えば、その国の通貨は他国の通貨に対して割安になる。というのは、財貨サービスと同様に、通貨においても、その需要が増えれば価格が高くなり、供給が増えれば安くなるからである。この通貨の価格とは、通貨間の交換比率すなわち為替レートである。金融緩和とは要するにベースマネーの供給を増やすことであるから、それは通常は為替市場において通貨安をもたらすのである。こうした考え方は、国際マクロ経済学という領域では「為替レート決定のマネタリー・アプローチ」と呼ばれている。

実際、この時期の為替市場では、まさしくこの通りのことが生じていた。**図表2−8**が示すように、リーマン・ショック後に最も積極的な量的緩和を行ったのは、アメリカのFRBとイギリスのBOEであった。その結果、アメリカのドルとイギリスのポンドは、他の通貨とりわけ円に対して下落した。

それに対して、白川日銀は、その量的緩和無効論を堅持し、リーマン・ショックの後にも金融緩和をほとんど行わなかった。この時期に円の為替レートが他の通貨に対して切り上がっていったのはそのためである。

リーマン・ショック後の日本経済は、円高とデフレの相乗効果によって、まさにもがき苦しんでいた。円高は輸入品価格を割安にし、輸出品価格を割高にすることから、デフレをより一層厳しいものにする。その円高とデフレは、企業の収益を減少させ、株価を下落させ、雇用を減少させ、失業を増加させる。端的にいえば、それが白川日銀時代の日本経済に生じていたことである。

この状況を変えるために行うべきことは、きわめて明らかであった。それは、「日銀が他の主要中央銀行に負けないくらい十分に金融緩和あるいは量的緩和を行う」ことである。黒田日銀の「異次元金融緩和」とは、それに尽きている。

実際、**図表2−8**が示すように、黒田日銀が成立した二〇一三年四月以来、日銀のバランスシートは、それまでとはうって変わって拡大するようになった。その結果生じたのが、円安および株高へのトレンド転換だったのである。

†複数のイベントを経て実現した政策レジームの転換

興味深いのは、このような為替レートや株価トレンドの転換それ自体は、黒田日銀の成立どころか、第二次安倍政権が成立する以前の、民主党政権末期の二〇一二年九月末頃から始まっていたという点である。一部の論者は、その事実に基づいて、アベノミクス第一の矢あるいは異次元金融緩和政策は、必ずしも為替や株価の転換の原因ではないと論じている。

しかしながら、このように市場が「実際の政策に先んじて」動き始めるとすれば、それこそがまさに、金融政策のあり方が将来的に根本的に変わるという「政策レジーム転換」の最も明白な証拠と考えられるのである。

この政策レジーム転換とは、人々の経済的意志決定における期待の役割を明らかにした「合理的期待形成」という仮説の提唱者の一人であったトーマス・サージェントによって、「四大インフレーションの終焉」(Sargent [1982]) という論文の中で提起された概念である。それは、「政策当局が経済状態の関数として繰り返し選択するためのルールの体系」と定義される。サージェントによれば、政府の政策戦略に変更があれば、民間経済主体はそれに対応して、消費、投資、ポートフォリオなどを選択するための戦略やルールを変更する。というのは、民間経済主体にとっての最適な選択は、政策当局が現在から将来にわたって採用する政策のあり方に依存するからである。

サージェントが上記論文で指摘したように、第一次大戦後にハンガリー、オーストリア、ポーランド、ドイツにおいて発生した「四大ハイパーインフレーション」は、中央銀行のベースマネーが実際に縮小する前から終息に向かっていた。それは、政府から独立した中央銀行の創設や金本位制への復帰といった「政策レジームの転換」が、将来的な金融規律の復活を人々に期待させたためである。

同様に、安倍の総裁復帰を契機とした円安と株高へのトレンド転換は、第二次安倍政権が成立する以前に生じていた。それもやはり、政策レジーム転換の一事例と考えることができる。

ただし、第二次安倍政権におけるそれは、単一のイベントを契機とした転換というよりは、複数のイベントを経て現実化した「多段階レジーム転換」であった。というのは、この円安や株高のトレンドは、安倍の自民党総裁再就任（二〇一二年九月）、衆議院解散（二〇一二年一一月）、総選挙での政権交替（二〇一二年一二月）、政府と日銀による「二％のインフレ目標導入」の共同宣言（二〇一三年一月二二日）、そして黒田日銀による「異次元金融緩和」の公表（二〇一三年三月）という一連の政治的および政策的事象を通じて生み出されたものだったからである。

そのトリガーが安倍の自民党総裁選での勝利であったのは、以下の理由による。当時の民主党政権は、それまでに失政に次ぐ失政を重ねたことで、二〇一二年内にも行われるはずの総選挙での敗北が確実視されていた。それは、来たるべき総選挙で自民党が与党の座に返り咲くこと、そして自民党総裁に復帰した安倍がその次期政権の首班となることを意味していた。

さらに、その安倍が首相になった暁には、自らの権限を通じて日銀の金融政策を根本的に転換させるべく試みるであろうことは、それまでの安倍の言動から明らかであった。安倍は、二〇一二年九月の自民党総裁選において、総裁候補者の中で唯一、デフレ脱却のための積極的な金融緩和の必要性を訴えており、さらにそれを裏付ける枠組みとして、日銀法改正をも視野に入れつつ、二~三％のインフレ目標の導入を掲げていたのである。

つまり、目ざとい市場関係者たちは、この安倍の自民党総裁選勝利の時点で既に、「ゲームのルールが変わる」ことを読み切っていたのである。その結果として生じたのが、**図表2－9**や**図2－10**が示すような、為替レートや株価における急激なトレンド転換であった。それはまさに、サージェントが定義した意味での政策レジーム転換の典型的な実例であった。

第3章

異次元金融緩和政策の真実

1. 黒田日銀の異次元金融緩和は「失敗」したのか

†ロケット・スタート後の苦難に直面した第一の矢

アベノミクスの第一の矢「大胆な金融政策」の具体策としての、黒田日銀による異次元金融緩和政策が開始されたのは、二〇一三年四月である。その政策は、第二次安倍政権が成立する前から生じていた円安と株高を背景として、二〇一四年四月に消費税増税が実施される以前までは、それまでの二〇年以上にわたって続いてきた日本経済の縮小トレンドを転換させることに、ものの見事に成功したかのようにも見えた。とりわけ、二〇一三年第2四半期(四月〜六月)の実質経済成長率三・八%、名目経済成長率三・七%という数字(ともに年率換算)は、まさにロケット・スタートというにふさわしいものであった。

しかし、「市場を畏怖させるような一気呵成の金融緩和」によって、それまでの長期デフレによって定着した企業や家計の根強いデフレ・マインドを一挙に払拭しようという黒田日銀の当初の目論みは、二〇一四年四月の消費税増税によって完全に打ち砕かれた。

黒田日銀は当初、二%インフレ目標すなわち二%の消費者物価上昇率という目標を、異次元金融緩和を開始して二年後の二〇一五年度には達成すると宣言していた。実際、消費税増税が実施される二〇一四年四月時点では、消費者物価に関するいくつかの指標は、一%代半ばの上昇率に達していた（**図表1‐6**）。

しかし、その後の展開は、日銀にとってはまさに苦難に満ちたものとなった。消費税増税によって生じた民間消費の落ち込みは、駆け込み需要の反動減では説明できない想定外の大きさであっただけでなく、その長さもまた異例であった。その負の影響がようやく払拭され始めたのは、二〇一六年度の後半以降のことである。

間が悪いことに、その二〇一四年後半から二〇一六年前半の時期は、リーマン・ショック後の厳しい落ち込みから緩やかに回復し続けていた世界経済もまた、いくつかの複合する要因から、明らかな調整局面にあった。

まず、公共投資を中心とする積極的な財政支出によってリーマン・ショック後の一時的急減速からのV字回復を遂げていた中国経済において、その無分別な公共投資による経済的な歪みが徐々に顕在化し始めていた。その状況は、日本国内ではこの頃、「中国バブルの崩壊」を喧伝する経済書が数多く出版されたことに象徴されている。

さらに、リーマン・ショック後の暴落から堅調に回復を続けてきた原油価格が、二〇一四年半ば頃から急落し、二〇一五年にはリーマン・ショック後のピークの半値割れという状況となった。その背景にあったのもやはり、中国経済の変調であった。中国はリーマン・ショックからの回復が始まった二〇一〇年頃から、原油輸入額で日本を追い抜いて、アメリカに次ぐ世界第二位の原油輸入国となっていた。その中国の原油輸入額が、中国経済の減速によって、二〇一四年頃から急減し始めた。その結果、原油市場の市況が軟化し、世界的な原油価格低下が生じたのである。

駄目押しは、いわゆるブレグジット（Brexit）である。二〇一六年六月にイギリスで、欧州連合（EU）離脱の是非を問う国民投票が行われた。その投票結果は、事前の予想をまったく裏切って、EU離脱が僅差でEU残留を上回ったのである。その結果、世界の金融市場は一時的にパニックに陥った。為替市場では、イギリスの通貨であるポンドが急落し、逆に日本円はリスク回避のために買い進まれ、急激な円高が生じた。

†インフレ目標政策の真の目的

こうしたことから、二〇一四年前半までは目標の二％に向けて順調に上昇し続けていたようにみえた日本の消費者物価上昇率も、それ以降は再びゼロ近傍に向けて低下し始めた（**図表1−6**）。日銀はその結果、当初は二〇一五年度内とアナウンスしていた二％インフレ目標の達成期限を、再三再四にわたって先送りすることを余儀なくされるにいたった。

そのことは、当初から黒田日銀の異次元金融緩和政策に対して批判的であった論者やマスメディアからの辛辣な批判を招かずにはおかなかった。

確かに、消費者物価上昇率を二％まで引き上げるという約束は、当初の想定であった二年以内どころか、黒田日銀の任期である五年以内でも達成できなかったのだから、その点に関して日銀に弁解の余地はない。とはいえ、そのことだけから異次元金融緩和政策そのものを失敗と決めつけるとすれば、それはあまりにも短絡的である。というのは、ある政策の失敗や成功というものは、その政策が本来何を目的としていたか、そしてその目的が実際に達成されつつあるのか否かという点から判断されるべきだからである。

それでは、インフレ目標政策の目的とは何か。それは直接的には「二％インフレ率の達成」そのものである。しかし実は、インフレ目標政策の本来的な目的は、物価それ自体にあるのでは必ずしもない。より重要なのは、望ましい雇用と所得の達成および維持である。というのは、インフレ率をいくら高めたところで、それ自体は人々の経済厚生すなわち豊かさを改善させるわけではないからである。一国が本当の意味で豊かになるためには、何よりも、一国の雇用が増え、所得が増えることが必要である。物価目標の達成というのは、そのような上位の政策目標からすれば、たかだか「目安」にすぎない。

現代の中央銀行の多くは、目標として設定された物価指標や物価上昇率に多少の相違はあるが、このインフレ目標という枠組みに基づいて金融政策を運営している。日銀の場合には、「消費者物価指数（除く生鮮食品）の前年比上昇率の実績値が安定的に二%を達成」することが目標とされており、これは他の先進諸国の中央銀行においてもほぼ同様である。この「二%」というインフレ率の目標水準は、先進諸国ではほぼスタンダードとなっている。これは、現代の中央銀行は、マイナスのインフレ率である「デフレ」はもとより、〇%や一%といった「低すぎるインフレ率」も望んでいないということを意味する。

†なぜマイルドなインフレが必要なのか

上述のように、高いインフレ率それ自体は、人々がより豊かになることをまったく意味しない。実際、人々が望むのは、より高い所得であって、より高い物価ではない。物価が高くなることそのものは、所得が増えない限り人々を実質的により貧しくするのであるから、それは当然である。メディアの報道においても、庶民の生活を脅かすものとして常に問題視されてきたのは、デフレではなくてインフレであった。

にもかかわらず中央銀行は、〇や一ではなく、二%というインフレ率を求める。それは、最も上位の政策目標である「望ましい雇用や所得の確保」が、〇%や一%といった低インフレでは実現できないからである。当然ながら、その目標はデフレではなおさら実現できない。
　そのことの意味は、「フィリップスカーブ」として知られる、失業率とインフレ率との間に成り立つ相関関係から明らかになる。**図表3－1**は、日本にデフレが定着しつつある頃に、それが何を意味するのかを先駆的に論じた、原田泰・岡本慎一「水平なフィリップスカーブの恐怖―九〇年代以降の日本経済停滞の原因」（原田・岡本［2001］）に描かれていた、日本のフィリップスカーブである。

図表3-1：日本のフィリップスカーブ（1980-2001年）

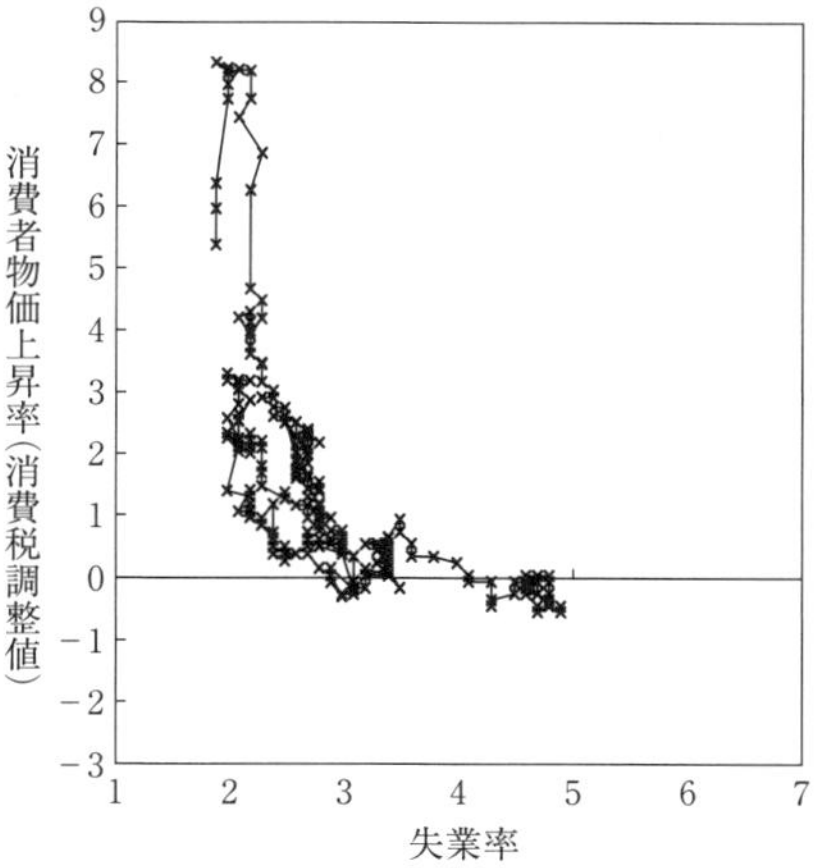

（出所）原田泰・岡本慎一「水平なフィリップスカーブの恐怖―90年代以降の日本経済停滞の原因」（原田・岡本［2001］）

　それは、きわめて重要な二つの経験的事実を示している。第一は、インフレ率が一％を下回ると失業率が急激に上昇し始めることである。これが、原田・岡本の言う「水平なフィリップスカーブ」である。第二は、失業率が二％半ばを越えると、インフレ率が二％を越えて急激に上昇し始めることである。逆にいえば、インフレ率が二％を越えても、失業率はほとんど低下しない。この「二％半ば」というインフレ率を加速させない失業率の閾値は、インフレ非加速的失業率、英語の略称ではNAIRU（Non-Accelerating Inflation Rate of Unemployment）と呼ばれている。これは、事実上の完全雇用を意味すると考えられる。

このNAIRUの値は、労働市場の制度的要因に左右されるため、国ごとに異なるし、同じ国でも時期によって異なる。重要なのは、そのNAIRU値がいくらであるにせよ、その「インフレを加速させない下限」である失業率に到達するためには、〇％や一％ではなく、ましてやデフレではなく、少なくとも二％程度のインフレが必要ということである。それは、一般に賃金には名目的な硬直性があるため、ある程度のインフレ率がないと雇用の調整が阻害されるためと考えられる。

†確かに改善した雇用

要するに、中央銀行が二％程度のインフレ率を目標とするのは、それ自体が望ましいからではなく、それによってより低い失業率とより高い所得が実現できるからである。中央銀行はだからこそ、政策金利の操作や量的緩和のような手段を用いて、目標インフレ率を達成しようと努める。しかし、そこでの政策の目標として本来的に意味があるのは、あくまでも雇用の拡大であり、それを通じて実現される所得の拡大である。インフレ目標の達成とは、そのような意味での完全雇用が達成されたことを示す目安にすぎない。

これは、黒田日銀の異次元金融緩和がその目標を達成しつつあるかの正しい判断は、雇用の改善が続いているのか否か、より具体的には失業率の低下が続いているのかに基づいて行われなければならないことを意味する。いくらインフレ率が高まっても、失業率が低下しているのでなければ、その政策が成功しているとはいえない。逆に、インフレ率が十分に高まっていないとしても、雇用が改善し続けているのであれば、その政策は明らかに成功しているのであり、最終的な目標の達成に着実に近づいているのである。

それでは、黒田日銀の異次元金融緩和以降、雇用状況はどう推移したのか。第1章で詳述したように、まず失業率について見ると、異次元金融緩和前の二〇一二年末には四・三%程度であった日本の完全失業率は、二〇一七年初頭時点で二・八%まで低下した。これは、一九九〇年代前半以来の低さである。有効求職者数に対する有効求人数の比率である有効求人倍率は、二〇一七年には一・五を越え始めるようになったが、これは一九七〇年代初頭以来のことである。また、「雇用増加といってもその多くは非正規にすぎない」という根強い批判とは裏腹に、二〇一六年初頭には、正社員の増加率が非正規社員のそれを二一年ぶりに上回るようになった。

これらのデータは明らかに、日本の雇用状況が確実に改善されてきたことを示している。そして、二％というインフレ目標が未達であるということは、そこにはまだ改善の余地が残されていることを示しているのである。

異次元金融緩和政策の失敗をあげつらう論者たちはこれまで、この雇用の改善という最も基本的な事実を無視し続けてきた。あるいは、その原因を生産年齢人口の減少などに求めて、金融政策の役割を意図的に否定し続けてきた。

しかし、日本の生産年齢人口の減少が始まったのは、二〇一三年以降ではなく、一九九七年からのことである。さらに、一九九〇年代末以降の日本経済は、ごく最近まで、こうした生産年齢人口の減少にもかかわらず、労働力の不足ではなく、雇用機会の不足に悩まされてきたのである。しばしばロスト・ジェネレーションとも呼ばれているように、若年層の就職難はとりわけ深刻であった。

それに対して、黒田日銀の異次元金融緩和政策は、あの二〇一四年四月の消費増税ショックによる厳しい消費減少や、中国バブル崩壊後の円高さえも乗り越えて、リーマン・ショック前どころか、バブル期以来の雇用改善を成し遂げたのである。これを成功と呼ばないのなら、いったい何が成功なのだろうか。

つまり、異次元金融緩和政策が成功していることは明白である。問題があったとすれば、それはもっぱら、完全雇用の実現という最終的な政策目標を約束の期限内に達成できなかった点にある。

2. 黒田日銀が物価目標達成を延期した真の理由

†本来的に困難な不確実性下の「期限の約束」

日銀に限らず、現代世界の中央銀行の多くは、インフレ目標という枠組みを用いて金融政策を運営している。それは、「消費者物価指数のような何らかの物価指標の上昇率に二%程度の目標を設け、政策金利の操作や量的緩和といった手段を用いて、その目標の達成および維持を図る」というものである。

中央銀行は一般的には、インフレ率が低下しがちな不況期には金融緩和を行ってインフレ率を引き上げ、逆に景気が過熱してインフレ率が上振れするようであれば、金融引き締めを行ってインフレ率を引き下げようとする。しかし、その金融政策の効果が十分に浸透し、現実の物価に現れるまでには、それなりの時間がかかる。金融政策の変更は、金利や為替や金融資産価格にはほぼ瞬時に反映されるが、それらが実体経済を刺激するまでのチャネルは、必ずしも迅速に機能するわけではないからである。

そのことは、リーマン・ショック以降の世界大不況の中での各国のマクロ経済状況からも明らかである。その間、FRB（米連邦準備銀行）は三度にわたる量的緩和政策（QE1〜QE3）、ECB（欧州中央銀行）はマイナス金利政策という、未曾有の金融緩和を実行した。にもかかわらず、二〇〇九年から二〇一六年現在までの両地域のインフレ率は、二〇一一年前後に一時的に上振れした以外、一貫して二％を下回った。FRBは、二〇一五年一二月以降、量的緩和を停止して政策金利を引き上げる局面に入ったが、それは現実のインフレ率がようやく目標に近づいたからである。しかし、その利上げペースは依然としてきわめて緩慢である。

ここで重要なのは、FRBにせよECBにせよ、確かに目標インフレ率を達成することには強くコミットしているが、黒田日銀のように「それをいつまでに達成する」という期限の約束を行ったことは一度もない、という点である。それは、金融政策が最終的に物価にいたるまでのタイム・ラグを考えれば、その間に事前には予想できなかった外生的なショックが生じることが不可避だからである。

実際、もし二〇一〇年のギリシャ・ショックがなければ、世界経済の回復も、また各国のインフレ目標の達成も、ここまで遅れることはなかったであろう。FRBとECBは確かに、そうした状況の変化に対応し、金融緩和を段階的に強化していった。しかし、それによって目標の達成期限を早めることは結局できなかった。

つまり、中央銀行が確信をもって「期限の約束」をするには、現実経済は「何が起きるか分からない」という不確実性があまりにも大きすぎるのである。

†強固なデフレ予想を打ち砕く苦肉の策だった「二年」という約束

二〇一三年四月に発足した黒田日銀は、インフレ率二%目標の達成を「二年以内」に実現するという約束を行った。日銀はそこで、主要中央銀行が避けてきた「期限の約束」をあえて行ったのである。それは、二〇年にわたるデフレ不況によって人々の心理に強く定着したデフレ・マインド、デフレは今後も続くだろうという人々のデフレ予想を打ち砕くには、そのような形の達成期限の約束がどうしても必要だったからである。

一口に二%のインフレ目標とはいっても、FRBやECBと黒田日銀とでは、その初期条件に大きな相違があった。それは、不況下でもインフレが維持されていた欧米とは異なり、黒田日銀がインフレ目標を達成するためには、まずは「デフレ脱却」を実現しなければならなかったという点である。そして、それは決して容易なことではなかった。

デフレが深刻化した一九九〇年代末以降、歴代政権はこぞってデフレ脱却を政策課題に掲げてきた。しかし、黒田以前の日銀が金融緩和に消極的だったこともあり、日本経済は結局、デフレ脱却を達成しないままにリーマン・ショック後の世界不況を迎えたのである。それは日本経済にとって、デフレ脱却という課題の達成がより遠のいたことを意味した。

デフレの厄介さは、それが人々の心理に定着すると、それがデフレをさらに強化してしまう点にある。物価が今後とも下落し続けると人々が予想するなら、人々はモノの購入をなるべく先送りしようとする。その結果、企業は将来への投資をなるべく手控えようとする。それらは、経済をさらに収縮させる。つまり、デフレはデフレを呼ぶわけである。

一九九〇年代末以降の日本経済が、こうした「デフレの罠」に陥っていたとするならば、そこからの脱却には、何よりも「人々のデフレ予想を打ち砕く」ことが必要になる。それは、物価の調整に最も大きな責任を持つ中央銀行が、「金融緩和を通じて必ずインフレを実現させる」ということを人々に信じ込ませる以外にはない。

そして、そのためにはどうしても、それをいつまでに実現させるという「期限の約束」が必要となる。というのは、中央銀行がいくら口でデフレからインフレにするといっても、その実現が一〇年先とか二〇年先というのであれば、それは「当面はデフレが続く」という意味でしかないからである。それでは、人々のデフレ予想を打ち砕くどころか、逆にそれを強めることになりかねない。

以上のような理由から、黒田日銀はその発足時に、インフレ率二％を二年で達成するという、中央銀行としては異例の達成期限の約束を行った。そしてそれは、予想以上の成功を収めた。金融政策の変更はまずは金利や為替や資産価格に現れるが、それを契機に、金利低下、為替の円安、株価上昇が非連続的な形で生じたからである。とりわけ、黒田日銀の成立以前から日銀の政策変更を見越して既に進んでいた円安トレンドが、そこで確定的になったことは大きかった。それらは明らかに、二〇一四年四月の消費税増税まで続いた景気回復の支えとなった。

†「三％台半ば」と想定されていた日本の完全雇用失業率

ところが、現実経済が黒田日銀の事前の想定通りに進んだのはここまでであった。それ以降は、消費税増税による予想外の消費減少、中国経済の急減速、原油価格の暴落に伴う世界的経済混乱、ＦＲＢの利上げペースの遅れ、それらを原因とする円安から円高への反転など、事前には想定されていなかったマイナスのショックが連続的に生じた。その結果、黒田日銀は、数回にわたる「目標達成期限の延期」を余儀なくされたのである。

実は、この黒田日銀による目標延期の背後には、より本質的な不確実性が横たわっていた。それは、「完全雇用が達成されたと考えられる失業率が実際にどの程度なのかは事前には分からない」という、想定誤差の不確実性である。

いうまでもないことであるが、現実の経済においては、失業率がゼロという文字通りの完全雇用はあり得ない。たとえ景気がどれだけ過熱していても、労働者がそれまでの仕事に不満で離職して別の職を捜していたり、企業が事業の再編のために労働者を解雇したりすることは常に生じ得るからである。

ただし、その失業率があまりにも低下し過ぎると、人手不足から労働市場が売り手市場になり、賃金と物価が上昇し始める。そこで、インフレ率を加速させないぎりぎりの失業率が達成されれば、それは事実上の完全雇用と想定できる。それが、インフレ非加速的失業率すなわちNAIRUである。

端的にいえば、金融政策や財政政策などのマクロ経済政策の究極の目的は、この「完全雇用と考えられる失業率」を達成し維持することである。したがって、それがどの程度の値かを見極めることは、マクロ政策運営にとって決定的に重要である。

しかしながら、その完全雇用失業率は、現実の失業率に何らかの操作をして推計する以外にはない。そのため、日銀、内閣府、各大学、民間の研究所等に属する数多くのエコノミストが、その推計に携わっている。その多くは、NAIRUそのものというよりは、需要不足失業率と区別された構造的失業率や、マクロ経済全体の需要不足の程度を表す「需給ギャップ」の推計であるが、現実経済が完全雇用からどれだけ離れているかを示すという、その狙いは同じである。

そうした推計の多くは、完全失業率が実際に三％台半ばに達する以前の二〇一四年頃までは、「日本の完全雇用失業率の値は三・五〜三・七％程度」としてきたのである。この「日本の完全雇用失業率＝三％台半ば」という思い込みの呪縛はきわめて強く、現実の完全失業率がそれを下回るようになった二〇一五年以降においても、この数字を鵜呑みにして「日本経済は既に完全雇用にある」と主張するエコノミストが存在したほどである。

おそらく、黒田日銀が物価目標を二年で達成するという当初の計画の前提にしていたのも、やはりこの想定であった。事実、黒田は、二〇一四年四月八日の総裁記者会見で、ある記者から「先程から、雇用はかなり良くなっていると繰り返し強調されています。政府が出している完全失業率は三・六％で、総裁は前から完全雇用に近付いているとおっしゃっていますが、日銀が試算している構造的失業率は大体どれくらいなのでしょうか。また、現在、それと完全失業率の差がほとんどないのかどうかお聞かせ下さい」と問われて、「私どもの推計によると、構造的失業率は大体三％台半ばと思っており、三・六％という失業率はそれに近い、ほぼ等しいぐらいになっていると思います。ちなみに、需給ギャップの計算時には、労働市場と設備稼働率の両方をみていく訳ですが、その両方をみた上でも、かなり過去の平均に近付いている、ギャップがゼロのところに近付いているとみていますと答えていたのである（日本銀行［2014］)。

†高失業時代にも上昇していなかった完全雇用失業率

これらの推定は結局、まったくの誤りであった。というのは、日本の失業率は二〇一七年には三%を切って二%台まで低下したにもかかわらず、賃金と物価は十分に上昇するまでにはいたらなかったからである。それは端的に、日銀を含む多くの経済研究機関やエコノミストの想定とは異なり、「日本の完全雇用失業率は、実際には三%台半ばどころか、三%よりもさらに低い」という事実を示していた。

仮に、もし日本の完全雇用失業率が日銀その他の推計の通りに三%台半ばであったとすれば、日本経済は失業率が恒常的に三・五%を下回るようになった二〇一五年には、その「完全雇用」に十分に到達していたことになる。そして、賃金と物価は順調に上昇し、黒田日銀の「二年でインフレ率二%」という目標が余裕を持って達成されていたことになる。

しかし現実には、失業率が三%台前半であった二〇一五年中に、二%のインフレ目標が達成されることはなかった。それは単に、実際の完全雇用失業率が、それよりもはるかに低かったからである。

実は、日銀が想定する完全雇用失業率は高すぎるのではないかという疑念や批判は、黒田日銀の成立以前から数多く存在していた。前節で原田泰・岡本慎一両氏の論考（原田・岡本 [2001]）を紹介しつつ示したように、日本の過去のフィリップスカーブから推測されるNAIRUは、せいぜい二%台半ばであった。結局は、高級な手法を用いた計量的推計よりも、そのような過去のデータからの目の子算的な推測の方が、より正しかったということになる。

とはいえ、黒田日銀をその点だけに基づいて批判するのは酷であろう。そもそも、バブル崩壊後の日本経済は、二〇年以上にわたる恒常的な需要不足状態であり、完全雇用に達したことは一度もなかった。その間の日本経済は、インフレの加速どころか、プラスのインフレ率すら稀だったのだから、明らかに需要不足が恒常化していたのである。

需要不足失業もそれだけ長く続くと、それが慢性化して構造的失業に転じている可能性は確かにあった。その場合には、フィリップスカーブは右にシフトし、NAIRUは上昇することが予測される。そう考えると、その程度はともかくとして、日本の完全雇用失業率がバブル期以前の「二%台半ば」よりは上昇していると考えたとしても、それほど不自然ではなかったのである。

しかしながら、まことに幸いなことに、日本経済の完全雇用失業率は、この二〇年以上にわたる需要不足失業の恒常化にもかかわらず、実際にはそれほど上昇してはいなかった。「失業率が三％を切ろうとしても、賃金と物価の上昇率は低く保たれていた」というのが、その証拠である。そのことは、期限の約束を守ることができなかった日銀にとっては、確かに問題であった。しかし、それは日本経済にとっては、「失業を減らして雇用と所得を拡大させる余地が事前の想定以上に残されていることが明らかになった」という、よい意味で想定外の事態だったのである。

3. 日銀の長期金利操作政策が奏功した理由

†日銀にとって試練の年だった二〇一六年

二〇一六年は、日本銀行にとって、黒田日銀が成立して以来、最も試練に満ちた年となった。

日銀は一月末に、中国をはじめとする新興諸国の減速、二〇一四年四月の消費税導入以来の国内消費の落ち込みを背景に、民間銀行の日銀当座預金の限界部分に対して〇・一％

のマイナスの金利を適用する政策を導入した。このいわゆるマイナス金利政策は、各種金利のさらなる低下を通じて住宅ローンや社債発行を拡大させる一方で、一部金融機関の収益悪化をもたらした。

そこで日銀は同年九月に、一〇年物国債の金利をゼロに誘導する、長期金利操作政策を導入した。これは、マイナス金利政策の導入以降にマイナスの領域に落ち込んでいた長期国債金利を引き上げ、イールドカーブをスティープ化させることを狙ったものであることから、イールドカーブ・コントロール（YCC）政策と呼ばれた。

この政策は、利鞘を確保できるようになった金融機関からはおおむね歓迎された一方で、より一層の金融緩和を求める向きからの厳しい批判を招いた。また、もともと黒田日銀の異次元金融緩和政策に批判的だった方面からは、「日銀はこれまでの政策の限界を認めて路線転換した」といった声も聞こえた。

しかしながら、二〇一六年末には、状況はまさに一変した。それ以降、日銀の長期金利操作政策を批判する声は、存在しないわけではなかったにしても、非常に小さなものになった。また、「異次元金融緩和政策の限界」を言いつのってきた論者たちの声は、さらに小さくなった。

日本の金融政策をめぐる問題状況が、このように突如として転換したのは、日銀が二〇一六年九月に導入した、あの強い批判と揶揄の対象となった長期金利操作政策が、結果として事前の想定以上の効果をもたらしたからである。そのようなことが、なぜ生じたのであろうか。

†長期金利操作政策の「受動的緩和」効果

日銀の長期金利操作政策については、専門家の一部で、その長期的遂行可能性に関して、現在でも根強い疑念が存在する。それは、ある意味ではやむを得ない。というのは、「中央銀行は政策金利として短期金利を操作することはできても長期金利は操作できない」というのが、金融政策に関するこれまでの「常識」であったからである。

リーマン・ショックを契機とする世界大不況によって、主要中央銀行が量的緩和政策などの非伝統的金融政策に移行する前までは、ほとんどの中央銀行は短期市場金利の操作を手段とした伝統的金融政策を遂行していた。そこでは当然、長期金利は市場の決定に委ねられていた。第二次世界大戦後の英米のように、中央銀行が国債管理を目的として長期金利に上限を設ける場合もなくはなかったが、それはマクロ安定化という金融政策本来の目的と矛盾するため、結局は放棄されるにいたっている（雨宮［2017］を参照のこと）。

この過去の英米のケースは、基本的に長期金利上昇の抑制を目的とするものであった。

それに対して、今回の日銀の長期金利操作政策は、少なくともその導入時は、マイナスの領域に沈んでいた長期金利の「引き上げ」を目的としていた。その点では、これは金融の緩和というよりはむしろ引き締めというべき措置であった。それが当初、金融機関からは歓迎されながらも、むしろ黒田日銀の異次元金融緩和政策を支持していた論者の一部から強い批判を招いたのは、そのためである。

確かに、この日銀の長期金利操作政策は、金融政策単体として見た場合には、明らかに引き締め方向への動きであった。しかし実は、それを拡張的な赤字財政政策と組み合わせた場合には、増幅的な緩和効果が生じるのである。

通常は、政府が財政支出を拡大させて赤字国債を発行すると、資金市場が逼迫し、長期国債金利が上昇する。しかし、日銀は長期金利をゼロ近傍に維持する政策を行っているのだから、その長期金利の上昇は許容されない。日銀は、その長期金利の上昇圧力を抑えつけるために、長期国債の買い入れを拡大しなければならない。つまり、日銀の長期金利操作政策のもとでは、政府財政赤字が拡大して長期金利が上昇しようとすると、受動的かつ自動的に金融緩和が実現されることになるわけである。

†金融政策と財政政策の協調への動き

興味深いのは、その一部は単なる偶然であったかもしれないが、財政政策の側でも、結果としてこれと連動するような動きが生じていたことである。

その一つの現れは、メディアの一部で「アベノミクスの生みの親の変節」などという意味不明なレッテル貼りが散見された、内閣府顧問である浜田宏一イェール大学名誉教授による「財政政策重視」発言であった（たとえば「金融緩和を続けながら財政出動を」浜田[2016]）。この浜田発言それ自体は、デフレ脱却のためには現状では金融政策単体ではなく財政政策の助けが必要となっているというものであり、その意味で「変節」というのは単なる言いがかりにすぎない。アベノミクスには本来、第二の矢としての「機動的な財政政策」が含まれていたのだから、それはむしろ原点に回帰したと見ることもできる。

留意すべきは、この浜田提言が、日銀の政策に最も手詰まり感が漂っていた二〇一六年秋という時期に行われていた点である。浜田教授はそれが、ノーベル賞経済学者のクリストファー・シムズが二〇一六年八月に行った講演から啓示を得たものであったことを明かしていた。そのシムズの議論は、「物価の財政理論」というやや抽象的な経済理論的枠組みに基づいて展開されていた。しかし、上記の浜田インタビュー［2016］などからは、

「現状の日銀の政策枠組みの中で緩和効果を高めるためには、財政支出を拡大することが必要」という、より実際的な認識が垣間見えていた。それは、二〇一七年初頭に来日して行われたシムズ本人の講演やインタビューでの発言においても同様であった。

実際のところ、二〇一七年一月末に成立した政府の第三次補正予算の中には、一兆七千億円あまりの赤字国債（特例公債）追加発行が盛り込まれることになった。財務省が最も嫌うのが赤字国債発行であるから、それは明らかに官邸主導によるものであった。

その政府の赤字国債発行方針に対して、野党および反アベノミクス派の論者やメディアは、税収減を補てんする赤字国債発行はリーマン・ショック以来となることなどを強調して、例のごとくアベノミクスの破綻を言い立てた。しかし、日銀の長期金利操作政策を前提とすれば、この政府による赤字国債の発行拡大は、単に財政政策としてのみではなく、金融政策の効果を高めるためにも必要な、まさに一石二鳥の措置だったわけである。

こうした金融政策と財政政策の協調が、どの程度まで意図的であったのかは、部外者には分からない。それは、財政と金融の同時的拡張を意味するヘリコプターマネー政策が既に二〇一六年夏頃から経済論壇で論争の的になっていたことを考えると（たとえば野口・白井［2016］）、金融政策の手詰まりという状況が必然的に生んだ「意図せざる協調」であった可能性もある。他方、ヘリコプターマネー政策の唱導者であるアデア・ターナー元英金融サービス機構長官が二〇一七年の初頭に来日し、安倍晋三首相と面談したという事実からは、ある種の明確な「意図」も感じられた。

もちろん、こうした「財政政策に頼る金融政策」に対しては、「政策決定の独立性が保証される中央銀行にとっては、政府の政策は前提ではあっても要件ではあり得ない」という原理的批判は依然として成立する。実際、政府がどのような財政政策を行うかは、あくまで政府の問題であり、日銀には何ら権限はない。そして、仮に政府が赤字国債の発行を十分に拡大させないということになれば、日銀の長期金利操作政策は必ず行き詰まってしまうのである。

†結局は「トランプ」によって実現された受動的緩和

ところが、日銀は結果として、この危ういジレンマ状況から、思わぬかたちで脱出することができた。そしてそれは、日本の財政政策によってではなく、アメリカ大統領選におけるトランプの勝利によってであった。

二〇一六年一一月のアメリカ大統領選挙におけるトランプの予想外の勝利は、同年六月末のブレグジット・ショックの再来ともいうべきトランプ・ショックを市場にもたらした。しかしながら、そのショックによる円高株安の進行はわずか一両日で反転し、その後はほぼ年末にいたるまで、日米同時株高、米長期金利上昇、円安ドル高という「トランプ・ラリー」が続いた。

それは、トランプの奇矯なキャラクターの背後に隠れていた「減税と公共投資」という政策公約が、現実におけるトランプの勝利によって改めてクローズアップされたためである。市場関係者たちは、そのような政策は、一九八〇年代のロナルド・レーガン共和党政権によるいわゆるレーガノミクスがそうであったように、株高、長期金利上昇、ドル高をもたらすだろうと考えたのである。

このトランプの勝利によって生み出されたマクロ政策レジームの転換は、日本の金融政策に対して、財政拡張よりもさらに強力な「二重の拡張効果」をもたらした。その第一は、長期金利の上昇圧力から生じる「受動的緩和」である。そして第二は、日米間の長期金利格差拡大から生じる円安ドル高である。

アメリカで減税と公共投資が実行されるということになれば、アメリカの財政赤字は拡大し、長期金利が上昇することになる。トランプの勝利ののちにアメリカの長期国債金利が突如として上昇し始めたのは、まさしくそれを見越してのことである。

ところで、資本移動の自由が許容された国際金融市場においては、各国の長期金利はある程度まで連動する傾向がある。したがって、アメリカの長期国債金利が上昇すれば、それは通常は日本の長期国債金利を引き上げる効果を持つ。ところが、日銀は長期金利をゼロ近傍に維持する政策を行っているのだから、その長期金利の上昇は許容されない。日銀は、その長期金利上昇圧力の抑制のために、必ず長期国債の買い入れを拡大することになる。その結果として、金融の「受動的緩和」が実現されるのである。

これは、基本的には先の「財政拡大による受動的金融緩和」のメカニズムと同じである。しかし、この米国債金利の上昇を起点とする金融緩和には、財政拡大では得られないもう一つの重要な効果が存在する。それは、日米間の長期金利格差拡大から生じる、金利裁定を通じた円安ドル高である。

トランプの勝利以降、アメリカの一〇年国債利回りは、それ以前の一・八%前後から二・五%前後まで上昇した。それに対して、日本の一〇年国債利回りは、日銀の金融調節によってゼロにコントロールされている。その結果、日米間の金利格差は必然的に拡大する。

その場合、投資家は当然ながら、日本国債を手放して米国債に乗り換えようとする。結果として、円安ドル高が進む。金利裁定の考え方によれば、その円安ドル高がどこまで進むかといえば、それは「円に対するドルの将来的な下落幅が日米間の金利格差に等しくなるまで」である。それは、日米間の金利格差が拡大すればするほど円に対するドルの将来的な下落幅が大きくなる必要があり、そのためには現時点における円安ドル高が必要になるためである。

実際、二〇一六年に入って一時は一ドル一〇〇円前後まで進んでいた円高ドル安の流れは、トランプの勝利以降、完全に反転した（図表2－9）。日本経済が二〇一六年前半に冴えなかった最大の理由がこの円高であり、それが同時に日銀を苦境に追い込んでいたことを考えれば、トランプの勝利による政策レジーム転換は、日銀と日本経済の双方にとって、まさに干天の慈雨であったといえよう。

†「トランプ・リスク」の抑止のために

このように、日銀の長期金利操作政策は、トランプの勝利によって、思わぬかたちで想定以上の効果を発揮することになった。しかしそこには、「あのトランプが日本の得たこの棚ぼたの恵みを何の見返りもなしに許容するのだろうか」という不安が常につきまとってきたのも事実である。

最も一般的に懸念されてきたのは、「国内産業の復活を訴えて政権を得たトランプが、むざむざとドル高の進行を放置するはずはなく、いずれは円安批判を始めるだろう」という見通しである。その懸念は実際、「トランプ政権周辺による中国と日本に対する為替操作批判」というかたちで部分的に現実化した。結果として、トランプ勝利後の円安ドル高の進行も、二〇一六年末の一ドル一二〇円弱でいったん打ち止めとなった。

しかし、こうしたトランプ政権の微妙な口先介入はあっても、それは結局、為替のトレンドを再び円高ドル安へ向かわせることはなかった。それは、アメリカの実体経済が着実に完全雇用に近づいてきたからである。そして、その足取りは遅いとはいえ、アメリカの名目賃金は上昇し、インフレ率も目標水準に近づき始めてきたからである。

それがいつになるかは不確実ではあるが、仮にアメリカのインフレ率が目標水準を越えていくということになれば、FRBは必ず政策金利を引き上げてインフレを抑制しなければならない。また、トランプが減税や公共投資を実行するということになれば、アメリカ経済のインフレ圧力はますます強まる。そうなれば、FRBの利上げペースはさらに早まる。そうすると、トランプが何を言おうとも、米長期金利の上昇とドル高の進行は避けられない。

そのようにして円安が進んだ時、日米間で再び摩擦が生じることはないのだろうか。おそらく、その懸念は少ないし、仮に多少の摩擦が生じても対応はそれほど難しくない。というのは、日本は第二次安倍政権の成立以降、外国為替市場への介入はまったく行っていないからである。つまり、為替レートの決定は純粋に市場に委ねられており、いわゆる為替操作を行ってはいないのである。

第二次安倍政権の成立以降に円安が進んだのは、あくまでも金融政策の結果にすぎなかった。そして、金融政策の運営は、各国の独立した中央銀行が持つ専権事項であるから、それが為替市場にどう影響しようとも、その点について諸外国にとやかく言われる筋合いはない。

日米間の不毛な摩擦を避けるという意味で実に幸いだったのは、日銀による長期金利操作政策の導入が、トランプの勝利以前に行われていたという点である。この事実は、アメリカ側にやっかいな誤解を生じさせないという意味では、きわめて重要であった。

上述のように、その政策は当初、トランプの政策ではなく、まずは日本の財政拡大に基盤を求めようとするものであった。そして実際、日本政府は、アメリカの政策動向とは独立に、補正予算によって赤字国債発行の拡大を決定していた。トランプの勝利による状況の変化は、その意味では単に「嬉しい誤算」にすぎなかった。

仮にトランプ政権が将来、日本の円安を問題視するようなことになった場合、日本政府は以上の点を、トランプ政権に対して十分に説明しておくべきであろう。

4．異次元緩和からの「出口」をどう想定すべきか

†「出口」は本当に困難なのか

二〇一七年二月に日本の完全失業率は二・八％となり、バブル崩壊によってデフレ不況が定着した九〇年代半ば以降は久しく見ることができなかった二％台の失業率という数字がニュースのヘッドラインを踊った。

他方で、運送業などの厳しい人手不足がしばしば話題になっているにもかかわらず、日本の労働市場全体としては、それほど目立った賃金の伸びは見られていない。結果として、日本の物価上昇率は、依然として低いままに留まっている。

これらの事実は、日本経済が完全雇用を達成したと想定できる「完全雇用失業率」が、二％台後半よりもさらに低い可能性を示唆していた。要するに、日本経済には、失業率をより一層低下させられるだけの「伸びしろ」が残されていたということである。

日本の完全雇用失業率が二％台の前半なのか半ばなのか、そしてそこにどのくらいのタイムスパンでたどり着くのかは、おそらく誰にも明確には分からない。分かっていること

は、完全失業率が低下し続けていけば、必ずどこかの時点で賃金と物価の上昇が始まるという点である。それがまさに、日本が完全雇用に到達したことの証しとなる。新卒の労働市場が売り手市場になって久しく、多くの業種で人手不足が喧伝されている状況を見れば、それはおそらく、それほど遠い先のことではない。

とはいえ、二〇一七年末ではまだ、需給ギャップは埋まっておらず、完全雇用にもいたっていない。したがって、金融政策にせよ財政政策にせよ、引き締めを行う理由はまったくない。とはいえ、マクロ経済政策すなわち財政政策および金融政策の最終的な目標は、あくまでも完全雇用の早期達成である。そしてそれは、時期は分からないにしても、いつかは実現される。

その後には、これまでの政策からの「出口」が実行されなければならない。具体的には、財政の場合であれば財政赤字の縮小、金融政策の場合には金利の正常化が実行されることになる。

二％インフレ目標の達成にまだ相応の時間を要することを考えれば、ここで出口問題を云々するのは、やや先走りすぎというそしりを免れないかもしれない。それをあえて論じるのは、「異次元緩和政策はその出口において大きな金融上の混乱を引き起こす」という脅迫めいた見方が、これまで異次元金融緩和を批判し続けてきた一部の論者やメディアから盛んに流布されてきたからである。

結論的にいえば、異次元金融緩和からの出口が、金融市場の混乱や日銀の金融政策運営上の困難をもたらすという可能性はほとんどない。その出口はむしろ、日銀の長期金利操作の結果として、「気付かれないうちに粛々と」実現される可能性が高いのである。

†「出口」における中央銀行バランスシートの圧縮

二〇〇八年九月のリーマン・ショック以降、アメリカのFRB、イギリスのBOE、欧州のECB、日本の日銀といった主要中央銀行は、政策金利としての短期市場金利の操作という伝統的金融政策から、量的緩和やマイナス金利政策といった非伝統的金融政策へと移行した。そして、それら非伝統的政策の結果、中央銀行が供給するベースマネーは拡大し、そのバランスシートは急膨張した。

量的緩和の出口とは、中央銀行がこの拡大したベースマネーを保有資産の売却を通じて吸収し、最終的には短期市場金利を引き上げられるところまで自らのバランスシートを圧縮させることである。

このような意味での量的緩和の出口を実現する最も単純直裁な方法は、短期市場金利がその下限から離れて自然に上昇していくようになるまで、中央銀行が徹底してベースマネーを吸収し続けることである。それを実際に行ったが、福井俊彦総裁時代の日銀であった。

福井日銀は二〇〇六年三月に、二〇〇一年三月に導入されて以来約五年間継続されていた量的緩和政策を解除した。さらに二〇〇六年七月には、短期市場金利コールレートの誘導目標を〇・二五％に引き上げ、伝統的金融政策に完全復帰した。その三月から七月の間に、当時の量的緩和政策の目標とされていた日銀当座預金残高は、三三兆円程度から一〇兆円程度まで圧縮された。

福井日銀はこのように、コールレートの引き上げのために、短期間に急激なテーパリング、すなわち量的緩和の巻き戻しを行った。しかし、金融市場はその間も、きわめて平静に保たれていた。

この福井日銀による量的緩和解除は、その後の推移から判断すれば、日本経済がデフレ脱却を実現し損なう原因となったという意味で、明らかに時期尚早であり、政策としては完全な失敗であった。とはいえ、それは少なくとも実務的には、何の困難や問題を引き起こすことなく、あっけないほど円滑に実現されていたのである。この事実は、「出口」のおどろおどろしさを強調しようとする一部の議論への解毒剤として、十分に強調されるべきである。

†FRBによるバランスシートを維持しながらの出口

量的緩和からの出口のもう一つの実例は、米FRBによって二〇一五年一二月に実行された、短期市場金利フェデラルファンドレートの引き上げである。

FRBが量的緩和第三弾であるQE3を終了したのは、二〇一四年一〇月である。FRBはそれ以降、政策金利であるフェデラルファンドレート引き上げのための下準備として、ベースマネーを縮小させるテーパリングに着手し始めた。

しかしながら、FRBのテーパリングは福井日銀のそれとは異なり、きわめてゆっくりとしたペースで行われた。そして、そのテーパリングは結局、「フェデラルファンドレートがその下限から離れて自然に上昇していく」ところまで行われることはなかった。FRBはそれをするかわりに、「金融機関が中央銀行に対して持つ準備預金の超過部分に対する付利の引き上げ」という手段を用いて、フェデラルファンドレートの引き上げを実現させたのである。

銀行等の金融機関は通常、日々の決済や政府への支払いのために、中央銀行に預金を持っている。日本の場合には、日銀当座預金がそれである。その中央銀行預金のうち、法的に義務付けられた法定準備預金額を超える部分は、超過準備と呼ばれる。その超過準備に対して中央銀行が支払う利子が付利である。

中央銀行は、その付利を引き上げることによって、政策金利である短期市場金利を引き上げることができる。それは、短期市場金利が中央銀行預金への付利を下回るのなら、金融機関は余剰資金を短期金融市場で運用するよりは中央銀行に預けたままにしておくはずだからである。そうなれば、金融機関が短期金融市場で借り入れを行う場合には、必ず中央銀行への付利以上の金利を支払わなければならなくなる。結果として、中央銀行が付利を引き上げれば、短期市場金利はそれにつれて、少なくともその付利の率までは上がっていくことになるのである。

FRBが政策金利の引き上げに際して、福井日銀のような一気呵成のバランスシート圧縮を行わなかったのは、金融市場の安定に配慮してのことである。FRBが「フェデラルファンドレートが自然に上昇していく」ところまでバランスシート圧縮を行うためには、おそらくは保有資産全体の四分の三以上を売却してベースマネーを吸収しなければならない。FRBの持つ最大の保有資産は国債であるから、もしそのような資産売却を短期間に行えば、国債のリスク・プレミアムが拡大し、国債市場で長期金利が跳ね上がる恐れがある。FRBが結局、付利の引き上げという手段を用いて「バランスシートを維持しつつそれを緩やかに縮小させながらの出口」を実行することを選択したのは、その長期金利上昇リスクを嫌ったためであろう。

ＦＲＢが長期金利の急速な上昇を明らかにリスクと考えていることは、二〇一七年以降のベースマネーの動きにも現れている。米大統領選における二〇一六年一一月のドナルド・トランプの勝利以降、アメリカの一〇年国債利回りは、それ以前の一・八％前後から二・五％前後まで急上昇した。ＦＲＢはおそらく、このような短期間での急激な長期金利上昇を望んではいなかった。ＦＲＢが二〇一七年に入ってから、それまでのバランスシート縮小の方針を停止し、ベースマネーを一時的にせよ拡大させたのは、そのようにして跳ね上がった長期金利の抑制が必要と考えたためであろう。

†日銀による長期金利操作を通じた出口

日銀が将来的に行う金融緩和政策からの出口は、かつての福井日銀のやり方も、また現在のＦＲＢのそれも、参考にはされるにしても、そのままの形で踏襲されることはないであろう。というのは、既に市場関係者やメディアなどが予想しているように、日銀による異次元緩和からの出口の第一歩は、現在のイールドカーブ・コントロール政策の枠組みを維持しつつ、「長期金利目標の引き上げ」という形で行われる可能性が強いからである。

日銀は二〇一六年九月に、一〇年物国債の金利をゼロに誘導する長期金利操作政策を導入した。これは、同年一月のマイナス金利政策の導入以降にマイナスの領域に落ち込んでいた長期国債金利を引き上げ、イールドカーブをスティープ化させること狙ったものであることから、イールドカーブ・コントロール政策、略してYCC政策と呼ばれた。それは、前節で明らかにしたように、導入当初はさまざまな批判を浴びたものの、米大統領選におけるトランプの勝利後に生じた米長期国債金利の上昇という僥倖によって、結果として予想外の奏功を収めた。

日銀はおそらく、外的な状況が劇的に変わらない限り、そのYCC政策の枠組みを維持しようとするであろう。うまく機能しているものをあえて変更する必要はないからである。そして、それが本当にうまく機能しているのであれば、それなりの時間はかかるにしても、やがては完全雇用が達成され、賃金と物価が上昇し始めることになる。インフレ率はその時、一時的には目標とされている二％をオーバーシュートするかもしれない。その場合、日銀はまずは、現在はゼロとされている長期金利目標を徐々に引き上げることによって、インフレ率の加速を抑制することになるであろう。

ところで、中央銀行は伝統的に、長期金利ではなく、短期市場金利を政策の操作目標としてきた。その理由は、金利水準をピンポイントで誘導することは、短期金利よりも、期待の役割がより重要になる長期金利の方が難しいからである。そのことを考えると、日銀による長期金利目標は、固定相場制における為替バンドのように、目標水準の上下に上限と下限を定めた一定の許容変動幅を持つ「帯域」として設定されるかもしれない。日銀はその場合、金利の上限においては無制限の国債買いオペによって金利上昇を抑制し、金利の下限に対しては逆の調節を行うことで、長期金利を一定の変動幅で安定化させることになる。

日銀はいずれにしても、完全雇用が達成されてインフレ率が加速しつつあるような状況になれば、この長期金利の誘導目標あるいは目標バンドを、徐々に引き上げていかなければならない。そうでないと、インフレの加速を抑制できなくなるからである。その調整のスピードやタイミングがきわめて重要なのは、伝統的な短期市場金利操作の場合と同様である。その長期金利引き上げは、遅すぎればインフレ率を加速させてしまうし、早すぎれば経済をオーバーキルして不況やデフレに逆戻りさせることになる。

†日銀バランスシートの縮小はマクロ安定化の「結果」にすぎない

重要なのは、日銀バランスシートの縮小という意味でのテーパリングあるいは「出口」は、この長期金利引き上げの結果として、自ずと実現されるという点にある。というのは、金利とベースマネーの供給量との間には、「一方を決めれば他方はそれに依存して決まり、両方を同時に決めることはきない」という関係が存在するからである。

完全雇用達成後の日本経済の名目経済成長率が三％であるとすれば、日本の長期名目金利も、相当な時間は要するにせよ、最終的には三％程度まで上昇することになる。というのは、金利をそこまで上昇させないと、投資が貯蓄を上回り続け、インフレ率が目標である二％を超えて加速してしまうからである。日銀がそのように長期金利を三％程度まで引き上げるためには、保有国債の売却によって、それが実現されるところまでベースマネーを縮小し、バランスシートを圧縮しなければならない。

上述のように、通常のテーパリングでは、中央銀行が金利引き上げのために、まずはバランスシートを縮小させる。それに対して、ここでは、金利の引き上げの結果としてバランスシートの縮小というテーパリングが自動的に実現される。それは単に、異なるルートから同じゴールに向かったというにすぎない。

他方で、金融市場の状況によっては、日銀バランスシートのそれほどの縮小がなくても、長期金利の引き上げが実現される可能性も十分にある。それはたとえば、金融機関が何らかの理由で長期国債の保有を忌避し始めたような場合である。あるいは、短期金融市場と国債市場が分断されており、長期国債の若干の売りオペのみで容易に長期金利の引き上げが実現できてしまうような場合である。それらが当てはまるとすれば、長期国債市場には既に十分な金利上昇圧力が生じているはずであるから、日銀が長期金利の引き上げのために大量の国債売却を行う必要はない。

こうした場合、日銀はむしろ、異次元緩和によって拡大したバランスシートを維持し続けることが必要になる。日銀は単に、その状態を許容すればよく、バランスシートの圧縮を意図的に試みる必要はない。というのは、バランスシートの維持によって問題が生じることは何もないからである。

そもそも、テーパリングあるいは量的緩和からの出口の第一義的な目的は、金利を適切な水準に引き上げることによって、インフレ率の加速を抑制することである。日銀が国債の売却をそれほど行わなくても長期金利が上昇していくのであれば、日銀にとってはむしろ、わずかな労力で目的を達成できることになる。金融政策の最終的な目標は、物価や雇用といったマクロ経済状況の安定化であって、中央銀行バランスシートの適正化ではないのである。

第4章

雇用政策としてのアベノミクス

1．日本経済はいつ完全雇用を達成するのか

†十分な賃金上昇を欠いていた二〇一五年までの物価上昇

黒田日銀はこれまで、物価二％目標の達成時期を、再三再四にわたって延期し続けてきた。前章で論じたように、その最大の理由は、日銀が当初想定していた「完全雇用と考えられる失業率」が、現実の完全雇用失業率よりも高すぎたためである。

完全雇用が達成されれば賃金と物価は必ず上昇し始めるはずであるから、それは二％インフレ目標が達成されるということとほぼ同義である。その時の失業率がＮＡＩＲＵである。そのＮＡＩＲＵがいつ達成されるかは正確には分からないが、それは明らかに着実に近づいている。以下ではその根拠を示す。

図表４－１は、第二次安倍政権が成立した二〇一三年以降二〇一七年九月までの、日本のインフレ率、名目賃金上昇率、実質賃金上昇率の推移である。ここでのインフレ率とは、生鮮食品・エネルギーを除く消費者物価総合指数（消費税調整値）の前年比上昇率である。また、名目賃金上昇率と実質賃金上昇率は、厚生労働省の「毎月勤労統計調査」における

図表 4-1：日本のインフレ率、名目賃金上昇率、実質賃金上昇率
（2013-2017 年 9 月）

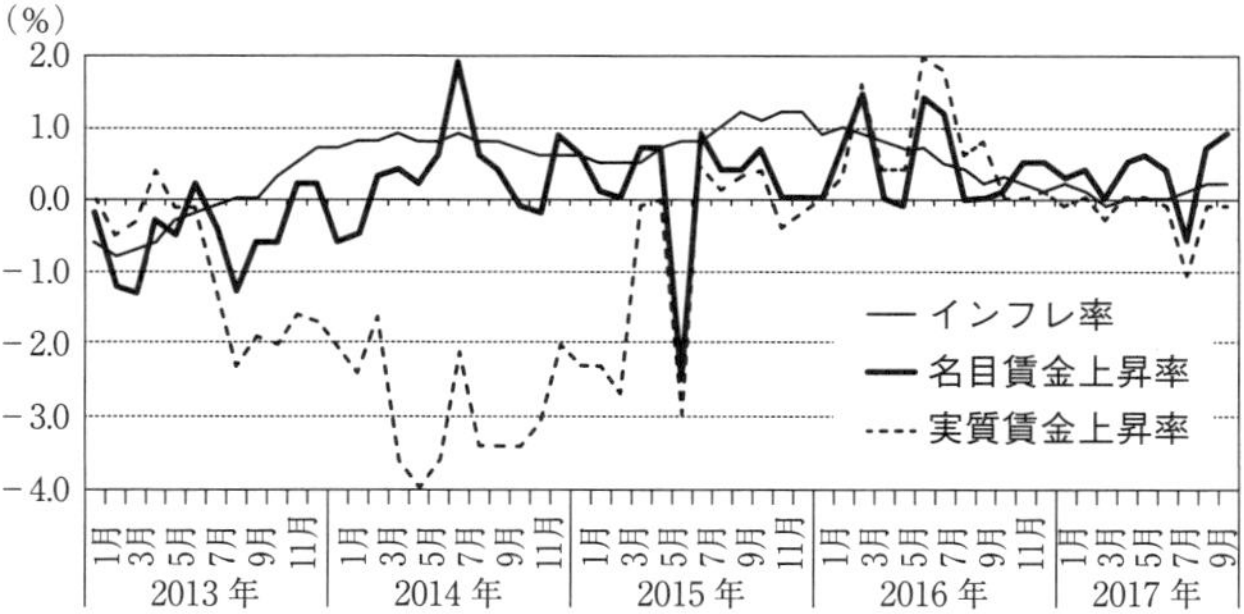

（注）「インフレ率」は生鮮食品・エネルギーを除く消費者物価総合指数の前年比上昇率（消費税調整済み）、名目および実質賃金上昇率は事業所規模五人以上の現金給与総額の前年比上昇率
（出所）総務省統計局、厚生労働省

図表 4-2：日本のフィリップスカーブ（1980-2001 年、2013-2017 年 9 月）

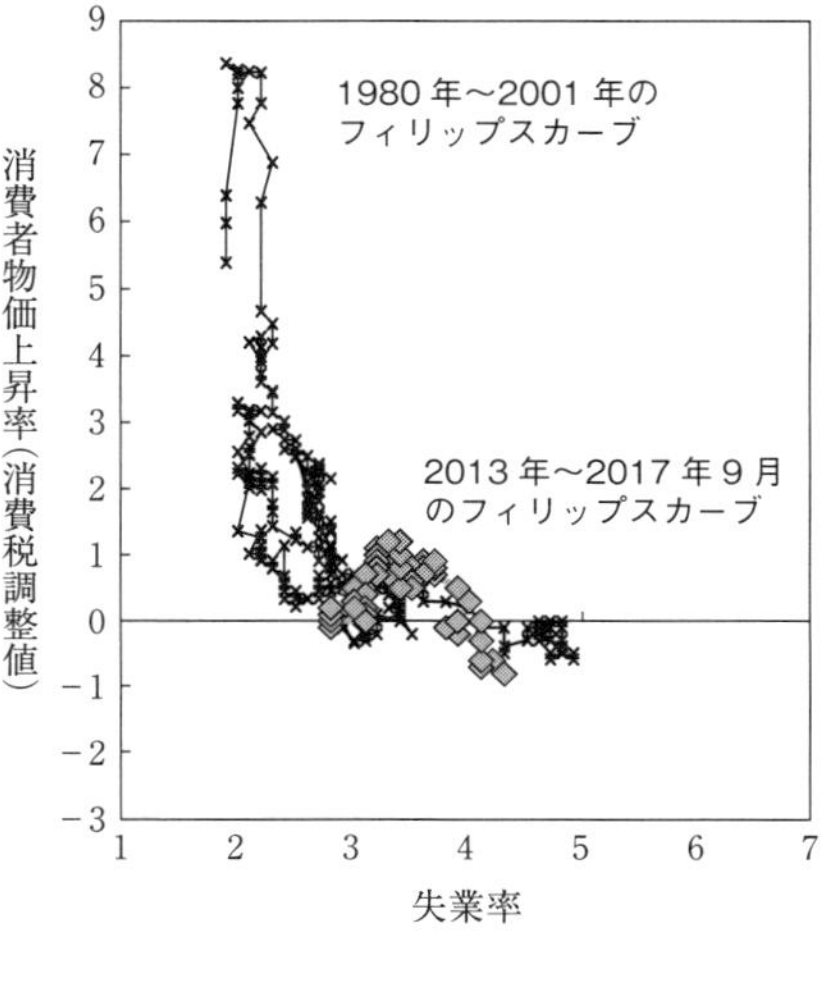

現金給与総額指数（就業形態計、事業規模五人以上）および実質賃金指数（同上）の増減率である。ちなみに、この実質賃金指数とは、物価変動の影響を割り引くために、現金給与総額指数を消費者物価指数（持家の帰属家賃を除く総合）で調整したものである。

黒田日銀が成立し異次元金融緩和政策が実質的に始まったのは二〇一三年四月であるから、この表はその前後から二〇一七年秋までのマクロ経済的推移を示すものといえる。**図表1－7**が示すように、完全失業率はその間、多少のぶれを伴いつつも、基本的に低下し続けてきた。それに対して、インフレ率の方は、二〇一五年末までは目標に向かって何とか上昇しているようにもみえたが、二〇一六年後半からは完全に腰折れしたわけである。

図表4－2は、前章の**図3－1**として紹介した「一九八〇年から二〇〇一年までの日本のフィリップスカーブ」（原田・岡本［2001］）の上に、完全失業率とインフレ率のデータを用いて、「二〇一三年から二〇一七年九月までのフィリップスカーブ」を重ね合わせたものである。黒田日銀の異次元金融緩和政策以降、失業率の低下とともにインフレ率がマイナスの領域を抜けて二％に向けて徐々に這い上がってきたが、二〇一五年末のインフレ率一・二％失業率三・三％あたりをピークに「腰折れ」したことがよくわかる。

結局のところ、この二〇一五年までの物価上昇は、一時的な上ぶれにすぎなかった。そもそも、三％台の失業率というのは、二〇〇一年以前の日本であれば、インフレ率がゼロ

%強程度の「水平」領域であった。二〇一六年以降のインフレ率の低下は、その「本来のフィリップスカーブ」への回帰と解釈できる。

二〇一五年までの物価上昇が完全雇用への接近によるものではなかった何よりの証拠は、**図表4-1**に示された名目および実質賃金の推移にある。まず名目賃金は、二〇一三年までは依然として低下傾向にあったものの、二〇一四年以降はわずかながらも増加し始めるようになった。それに対して、実質賃金の方は、ようやく底打ちとなったのは二〇一五年半ば頃のことである(ただし二〇一四年四月から二〇一五年三月までの実質賃金上昇率の大幅なマイナス化は、もっぱら消費税率の三%引き上げによるものである)。

この名目および実質賃金の推移が示しているのは、「失業率が三%台であった二〇一四年から一六年の日本経済は、完全雇用からはまだ程遠かった」という事実である。というのは、日本経済が最終的に完全雇用に到着し、日銀が目標とする二%インフレ率が実現されている状況では、「名目賃金上昇率>物価上昇率」という不等式が成立しているはずだからである。目標インフレ率は二%なのであるから、これは「少なくとも二%以上の名目賃金上昇率が実現されていなければならない」ことを意味する。

完全雇用下では「名目賃金上昇率>物価上昇率」でなくてはならない理由は、完全雇用が維持されつつ成長する経済では、技術進歩などによって労働者一人当たりの生産性が上昇すれば、その分は実質賃金が伸びていくのが当然だからである。そして、インフレ率が二％の経済で実質賃金が上昇するためには、名目賃金の伸びは二％以上でなくてはならない。その名目賃金上昇率からインフレ率を差し引いた実質賃金上昇率は、「労働者一人当たりの平均的な生産性上昇率」にほぼ対応する。

そのことを念頭に**図表4−1**を見ると、「名目賃金上昇率がようやくプラスに転じたとはいえ、その大きさはまったく十分ではなく、結果として実質賃金も大きく上昇してはいない」というのが、この間の日本経済の実態であったことが明らかとなる。確かに実質賃金だけを見ると、二〇一六年はインフレ率が低下したために皮肉にもそれが「改善」している。しかしそれは、「より以上の賃金上昇を伴う物価上昇」という本来の目標とはまったく別物なのである。

†為替と物価の微妙な関係

日本のインフレ率が二〇一五年末までは上昇したのは、おそらくその時期まで続いた為替の円安効果によるものであろう。ドルの対円レートは、リーマン・ショック後の世界不況の中で下落し続け、民主党政権下の二〇一二年初頭には一ドル七〇円台後半までドル安円高が進んでいた。しかし、その円高トレンドは、二〇一二年九月末の自民党総裁選で安倍が金融政策の転換を訴えて予想外の勝利を得たことを契機に反転した。そこで生じた円安トレンドは、黒田日銀の異次元金融緩和によってさらに加速し、二〇一五年夏には遂に一ドル一二〇円を越えるまでのドル高円安となっていた。つまり、ドルに対して三年間でほぼ五〇％程度の円安が実現されたわけである。

短期間にこれだけの円安が進むと、それは当然、国内の物価にも大きな影響を与える。ごく単純にいえば、円安が進めば輸入財の円建て価格が上昇するので、それが国内価格に転嫁される分だけ、国内物価は上昇する。実際、この円安期の物価上昇については、黒田日銀の異次元金融緩和に批判的な論者の一部からは、「円安による輸入原材料の価格上昇が転嫁されたコストプッシュ・インフレにすぎず、景気回復につながるどころか、むしろ消費減少を招いている」といった批判がしばしば聞かれた。

この批判そのものについていえば、消費税増税というきわめて大きな負の需要ショックにもかかわらず、この円安期にまさにバブル期以来の雇用改善が実現されたことを考えれば、円安は景気回復につながらないという主張がまったくの的外れであったことは明らかである。

また、金融緩和批判派からは当時、「日本企業は円高期に製造拠点を海外に移してしまっているので、円安になっても輸出は伸びない」といった主張がよく聞かれた。仮にそうであったとしても、輸出は製造品だけには限らないのである。この円安期には、日本を訪れる外国人旅行者数は二倍以上に増え、彼らによる「爆買い」がしばしば話題になった。それは、円安によって「観光」という形の日本からのサービス輸出が爆発的に拡大したことを意味している。

円安はまた、単に輸出だけでなく、輸入財から国内の輸入競争財への代替を通じても、景気回復に寄与する。円安期にはよく「海外旅行が割高になったので国内旅行に切り換えた」という話を聞くが、それで国内の観光産業が潤うとすれば、それはまさに円安による国内代替の効果なのである。同じことは当然、国内の他産業でも生じる。

そもそも、「開放経済における金融緩和は、単に国内金利の低下を通じてだけでなく、自国通貨安という為替チャネルを通じて効果を発揮する」というのは、マクロ経済学の基本理論であるマンデル＝フレミング・モデルの最も主要な結論である。この円安期に日本経済に生じたことは、その経済学の基本命題の再確認にすぎない。

他方で、こうした円安による国内経済の拡大が、そのまま直接的に需給ギャップの縮小を通じたインフレ圧力として作用したかといえば、それもまた疑わしい。というのは、上述のように、この円安期には、雇用改善と失業率低下にもかかわらず、名目賃金の十分な上昇は生じなかったからである。国内で生産される財貨サービスの付加価値の約七割を占める賃金（雇用者報酬）の上昇がない限り、物価の持続的な上昇は生じ得ない。

要するに、二〇一五年までの日本の物価上昇は、需要拡大を通じた国内発のホームメード・インフレというよりは、円安による輸入財価格の上昇を通じた輸入インフレの性格が強かったということである。二〇一五年末からの円高への反転を契機に、それまで上昇し続けていたインフレ率が腰折れしたのは、そのことを裏付けている。

†賃金上昇に必要な失業率の一層の低下

たとえ円安がホームメード・インフレをもたらしたのではないとしても、それが日本経済に雇用の改善と失業率の低下をもたらしたことは明らかである。そして、その雇用改善と失業率の低下は、日本経済を着実に「二％以上の名目賃金上昇」が実現されているような真の完全雇用に近づけていくことになる。その名目賃金上昇はどのようにして生じるのかといえば、それは「失業率のより一層の低下」を通じて以外にはあり得ない。

日本の企業はアベノミクス発動以降、景気回復によって収益が大きく改善したこともあり、「収益を内部留保として貯め込むばかりで労働者に分配しない」ことを強く批判されてきた。しかし、この種の批判は明らかに、「企業の目的は利潤の追求にある」という資本主義経済の根本原理を忘れている。企業にとっての賃金とは基本的にはコストにすぎないのだから、切り下げることが可能ならできるだけ切り下げたいと考えるのは、企業が利潤追求を旨とする限り当然のことである。

バブル崩壊後の日本企業の多くは、成果主義に名を借りた賃金の切り下げ、賃金コストの高い正規雇用からそれが低い非正規雇用への代替、しばしば「ブラック」と呼ばれるような労働者搾取等々を行い続けてきた。それらは、仮にブラック企業のような赤裸々な形ではなかったとしても、要はすべて利潤確保のための賃金コスト切り下げの試みであって、その意味で資本主義の本質に根ざすものであった。

重要なのは、日本企業の多くがそのような雇用政策を行い始めたのは、あくまでバブル崩壊後にすぎなかったという点にある。逆にいえば、それ以前にはやりたくてもできなかったのである。それは、バブル崩壊の前と後では、労働市場の状況がまったく異なっていたからである。

バブル崩壊前の日本経済は、どのような不況期でも、失業率が三％を越えたことはほとんどなかった。ところが、バブル崩壊後は逆に、一九九五年以降の二〇年以上にわたって、失業率が三％を下回ったことは一度もなかったのである。それだけ失業が拡大し、職を求める労働者が巷に溢れ、労働者の立場が労働市場で悪化すれば、利潤追求を旨とする企業が「労働者を安く買い叩く」のも当然であった。

ところが、失業率が低下し、人手不足が厳しくなると、企業は逆に、労働力の確保のために否応なしに賃金を上げていくしかなくなる。二〇一三年以降、賃金の顕著な上昇が真っ先にみられたのは、人手不足が深刻な建築業界であった。それは、賃上げをしないと会社が働き手を確保できなかったからである。

景気回復当初はそうした業種は限られているが、失業率が全体として低下すれば、その「人手不足」業種が必然的に増えていくことになる。その結果、人々の賃金が平均して二%を越えて上がるようになれば、日本経済はようやく完全雇用を達成したと考えることができるのである。

残念ながら、日本経済ではまだ、そこまでの「人手不足」は実現できていない。多くの企業が人手不足を強く感じるなど、そこに徐々に近づきつつある兆候は見られるが、それが現実の賃金上昇として現れていない以上、その程度はまだ十分ではない。それが十分といえるようになるためには、何よりも失業率のより一層の低下が必要なのである。

†完全雇用に接近しつつあることは明らか

おそらく、その完全雇用に到達する時期は、それほど先のことではないであろう。その根拠はきわめて単純であり、二〇一三年からの雇用改善ペースをそのまま延長すれば、おそらく二〇一九年あたりには「本来のフィリップスカーブ」が示す完全雇用失業率である「二%台前半」にたどり着くからである。

二〇一三年の年平均の完全失業率は約四%であったが、二〇一四年にそれは約三・六%にまで低下した。つまり、その一年間の雇用改善率は〇・四%ポイントであった。また二〇一五年の年平均の完全失業率は約三・三五%であったから、前年からの雇用改善率は〇・二五%ポイントであった。二〇一四年から二〇一五年までに、あの消費増税ショックにもかかわらずそれだけの雇用改善を成し遂げたということは、この〇・二五%はかなり保守的な数字と考えてよいであろう。この雇用改善ペースが今後も続くとすれば、完全失業率は二〇一九年には二%前半まで低下していることになる。

ただし、このシナリオが実現されるためには、いくつかの前提条件が必要である。その第一は、それまでの間に、この雇用改善モメンタムを根本から覆すようなネガティブなショックは起きないということである。

二〇一六年一一月に生じた米大統領選でのトランプの予想外の勝利という「トランプ・ショック」は、事前の想定を裏切って、幸いにも日本経済に円安と株高をもたらすポジティブなショックとなった。しかし、次に現れるショックが同様なものである保証はない。

第二は、たとえば完全雇用失業率を高く見積もり過ぎるなどによって、日銀が先走った金融引き締めをしないということである。

福井俊彦総裁時代の日銀は、二〇〇六年九月に、それまで五年超続いた量的緩和政策を解除したが、その時の日本の失業率は四・二%であった。これは、黒田日銀が異次元量的緩和を開始した二〇一三年四月時点での失業率にほぼ等しい。さらに恐るべきことに、速水優総裁時代の日銀がゼロ金利政策を解除した二〇〇〇年八月の失業率は、四・六%であった。黒田以前の日銀が、いかに「何も考えずにただひたすら金融引き締めに邁進した」のかがわかる。

もっとも、少なくとも黒田日銀には、そのような失敗を再び繰り返す恐れはほとんどない。というのは、二〇一六年九月二一日の金融政策決定会合で新たに導入されたオーバーシュート型コミットメントによって、「実際に二%インフレ率が実現されるまでは金融緩和を維持し続ける」ことが約束されているからである。これは要するに、「日銀は完全雇用が達成されないうちからインフレ率の上ぶれを恐れて金融引き締めに転じるようなことはしない」という宣言であり、速水日銀や福井日銀の二の舞はしないという約束なのである。

2. 日本は若年層の雇用格差を克服できるのか

†アメリカの格差と日本の格差

二〇一六年一一月のアメリカ大統領選挙は、共和党候補ドナルド・トランプの想定外の勝利となった。その背景の一つは、この二〇〜三〇年の間に拡大してきたアメリカの所得格差であろう。その経済状況に対する白人低所得者層の積もりに積もった不満が、その驚くべき選挙結果をもたらしたということである。

これは、予備選でヒラリー・クリントンと民主党候補の座を最後まで争った「社会主義者」バーニー・サンダースの躍進、さらには所得分配の不平等をテーマとしたフランス人経済学者トマ・ピケティの大著『21世紀の資本』が二〇一四年に英語版が出版されるとアメリカでベストセラーになったことと同根の現象である。これまでは競争の結果としての所得格差には比較的に寛大と考えられてきたアメリカの人々の経済規範にも、大きな変化が現れ始めているのかもしれない。

所得格差が問題視されてきたのは、日本でも同様である。日本の場合には、特に二〇〇〇年代に入った頃から、「格差社会」という言葉がメディアなどで盛んに使われるようになった。そこで言われてきた格差とは、主に正規か非正規かという雇用形態における格差である。

バブルが崩壊した一九九〇年以降、とりわけ戦後最大の金融危機が生じた一九九七年以降、就労者の中で非正規の比率は顕著に高まり始めた。それはいうまでもなく、バブル崩壊後の厳しい経済状況を乗り切るために、企業が賃金コストを切り詰めるべく、正規を非正規に置き換え始めたからである。

そこで最も厳しい状況におかれたのは、学業を終えて新規に労働市場に参入した若年層であった。というのは、正社員の解雇には制約がある終身雇用という制度のもとでは、企業が正規を非正規に置き換えるためには、まずは新卒採用の正社員求人を減らすことが必要だからである。結果として、新規学卒の就職率は急激に低下し、正規雇用からはじき出された若年層が、有期契約や派遣労働などの非正規雇用に滞留し続けることになった。

彼ら若年層非正規労働者の多くは、自発的に非正規を選んでいる主婦のパートタイムや学生のアルバイトなどとは異なり、正規を望みながらそれを得られていない不本意非正規である。その選択が不本意なものと考えられる理由は、正規とほぼ同じ仕事をしながら、給与や待遇に大きな格差があるのに、わざわざ非正規の立場を選ぶはずもないからである。

図表 4-3：子どもがいない理由の上位 3 つ

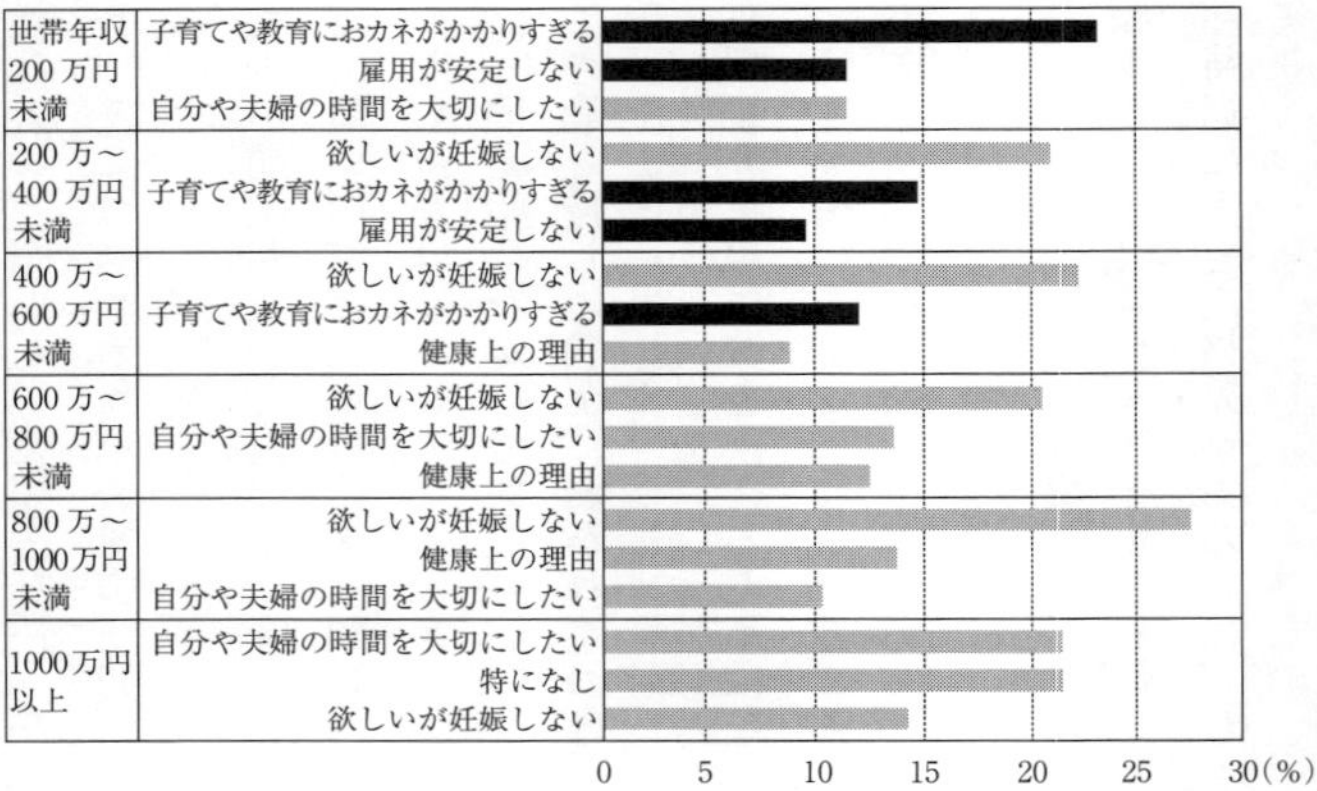

（出所）「特集／「子なし」の真実」『週刊東洋経済』（2016 年 7 月 9 日号）

その非正規労働者たちは、給与水準のあまりの低さから、やがてワーキング・プアと呼ばれるようになった。そして、不運にもそうした厳しい雇用状況に直面せざるを得なかった世代は、ロスト・ジェネレーションと呼ばれるようになった。

将来の日本経済を担うはずの若年層が、これほどまでの長きにわたって経済的に「痛めつけられてきた」ツケはきわめて大きい。それは、単に勤労意欲や労働における技能形成の毀損には留まらず、日本の少子化といった問題にまで及んでいる。若年低賃金就労者が経済的な理由から結婚を忌避しがちであること、また結婚してもやはり経済的な理由から子どもの数を抑制しがちであることは、厚生労働省『若者の意識に関する調査』(二〇一三年)などの各種調査が明らかにしてきた通りである(**図表4－3**)。

†バブル期に近づく新卒の就職市場

このように、現在四〇歳台前半の団塊ジュニア世代も含むいわゆる「氷河期世代」は、バブル崩壊後のほぼ四半世紀にわたって、雇用機会の不足を原因とする経済的虐待に甘んじ続けてきた。ところが、その負のトレンドもようやく底を打ち、徐々に反転しつつある兆候が明確に見られる。

たとえば、リーマン・ショック後の二〇〇九年から二〇一二年頃までは、一九九〇年代末と二〇〇〇年代初頭に続く「第三次就職超氷河期」と呼ばれていた大学新卒の就職市場では、就職希望者に対する就職者の比率である就職率が、二〇一七年四月時点で九七・六%となった。これは、調査が開始された一九九七年以降の最高値である。

新卒の就職市場がこのように改善してきた基本的な理由は、まったく明らかである。それは、企業がこれまでのように単に正規雇用を非正規雇用に置き換えるのではなく、積極的に正規雇用を増やし始めたからである。そしてそれは、日本の労働市場が徐々に完全雇用に近づきつつあるからである。

前節で論じたように、日本経済はおそらく二〇一九年度頃までには、ほぼ完全雇用に到達し、二％インフレ目標の達成が視野に入ってくる可能性が高い。もちろん、経済の行く先にはさまざまな不確実性が存在するので、実際にその通りになるか否かは、その時になってみないと分からない。にもかかわらず、ここではとりあえずそうなると仮定してみよう。

そこで労働市場に何が生じるのかは、ほぼ予見可能である。まず、非正規労働市場での従業員確保が、企業にとって次第に困難なものになっていく。その結果、企業は労働力の確保のためには、正規雇用を増やす以外には選択肢がなくなる。それは、これまで一方的に拡大し続けてきた不本意非正規労働者が、ようやく減少し始めることを意味する。

要するに、これまでの正規雇用から非正規雇用へという労働市場のトレンドが、明確に反転し始めるということである。そのトレンドの反転は、既に二〇一六年頃から、徐々に現れ始めている。

その恩恵を最も大きく受けるのは、大学や高校の新卒就職希望者である。バブル崩壊以降の四半世紀にわたって続いてきた「若年層経済格差拡大の時代」が、ようやくここに終わろうとしているのである。

†日本的雇用システムの本質

これまで日本の論壇において、日本の雇用における待遇格差や若年層の就職難という問題が論じられる場合、その原因として常に槍玉に挙げられてきたのは、日本的雇用システム、とりわけそこでの終身雇用制度であった。確かに、終身雇用とは、インサイダー＝正社員とアウトサイダー＝非正社員を画然と区別し、前者にのみ長期雇用を保証するという制度であるから、本質的に待遇格差を内包している。そして、企業が正社員の数を減らそうとすれば、まずは新卒採用を減らすことになるから、アウトサイダーとして正規雇用からはじき出されることになるのは、圧倒的に若年層である。

とはいえ、問題の原因を終身雇用あるいは日本的雇用システムといった「制度」にだけ求めるとすれば、それは「マクロ経済状況」というより本質的な要因を見失わせることになる。

端的にいえば、若年層の経済格差や貧困がここまで拡大したのは、「日本経済にバブル崩壊以降四半世紀にもわたって不完全雇用の状況が続いた」ことに尽きる。経済が不完全雇用の状態である限り、そのしわ寄せは必ずどこかに現れる。終身雇用といった「制度」要因は、それがどのような層にどのような形で現れるかに影響するにすぎない。

そもそも日本の終身雇用制度は、従業員の雇用を守るものというよりは、企業が人材を「囲い込む」ためのものとして定着したのである。

日本の長期雇用慣行の原型がつくられたのは大正末期から昭和初期とされているが、それが一般企業にまで幅広く浸透したのは、戦後の高度経済成長期である。一九六〇年代の完全失業率が一・一%から一・四%という低さであったことからも分かるように、日本の高度経済成長期は、空前の「人手不足」期でもあった。終身雇用によって定年までの雇用を保証した上で、年功序列賃金によって従業員に長期勤続インセンティブを持たせるというのが、いわゆる日本的雇用システムである。それを企業がこの時期に積極的に導入したのは、まさしく「超人手不足時代における人材確保」という目的のためであった。

企業がこのように長期雇用を保証するということは、不況期に指名解雇ができないということであり、企業がその分の賃金コストを負い続けなければならないことを意味する。企業というのは利潤を最大化しようとする存在であるから、本来であればそのようなリスクは負いたくないと考えるはずである。にもかかわらず、日本の企業が高度経済成長期にそのリスクを負う選択をしたというのは、それだけその時代の人手不足が深刻だったということである。そして、その「不況でも社員の首は切らない」という選択は、不況といっても少し我慢すれば過ぎていく程度のものであれば、確かに正しかったのである。

ところがそこに、これまでに日本が経験したこともない長期不況がやってきた。それが、バブル崩壊後の一九九〇年代以降の長期デフレ不況である。不況が長引けば、企業が終身雇用制度を維持するコストは累積的に増加していく。そこで企業は、「年功序列から成果主義へ」といった名目で正社員の賃金を切り下げるとともに、賃金コストの高い正規から、賃金コストがはるかに低い非正規への雇用代替を行い始めた。それは、労働市場がもはや高度成長期のような売り手市場（＝人手不足）ではなく、完全に買い手市場（＝雇用機会不足）に転じていた中では、企業にとって必然的な対応でもあった。若年層の経済格差は、その帰結であった。

要するに、重要なのは「制度」よりもむしろ「マクロ経済状況」である。景況が改善し、労働市場で労働需要が拡大し、売り手市場化するのでなければ、いくら制度改革を行ったところで、結局は焼け石に水である。

†雇用格差縮小には「人手不足にすること」が重要

その典型的な実例の一つは、雇用格差の原因として規制緩和反対派から槍玉に挙げられることの多い、派遣労働の規制緩和である。

この政策は本来、長期不況の中での失業拡大に対応して、企業に雇用拡大を促すことを目的としていた。そして、それは確かに、当初のもくろみ通り、「派遣労働者の拡大」をもたらした。彼ら派遣労働者は、もし派遣としての職が得られなければ雇用されず失業していた可能性が高いのだから、この政策は確かにその目的を達成していたのである。しかし皮肉にも、その政策は後に、その成功ゆえにこそ、日本の雇用格差の元凶として批判されることになった。

この実例は、雇用状況の改善のために何よりも重要なのは、「人手不足にすること」であり、それがない限り、雇用機会不足のしわ寄せが必ずどこかに現れることを示している。逆に、労働市場が売り手市場になれば、高度経済成長期がまさにそうであったように、企業は自ずと労働者の雇用条件を改善していかざるを得なくなる。つまり、従業員の雇用を保証し、待遇を改善し、賃金を引き上げていくしかなくなる。それができない企業は、もはや働き手を集めることができないため、市場から淘汰されていく。いわゆる人手不足倒産である。そこで真っ先に淘汰されるのは、もっぱら長時間・低賃金の労働搾取によって利益を上げているような、いわゆるブラック企業である。ブラック企業がもはや過去のものになりつつある兆候は、既にこの二〜三年の間に明確に見られる。

これは、ブラックではない通常の企業にとっても、雇用政策の一大転換を要する、きわめて容易ならざる状況である。しかし、それは同時に、一般の労働者とりわけ若年層にとっては、これまで悪化する一方だった賃金を含む雇用条件が、将来的に着実に改善していくであろうことを意味している。そしてそれは、日本の失業率がさらに低下して完全雇用に近づき、デフレが克服されてマイルドなインフレが定着すれば、自ずと実現される将来なのである。

3. 雇用が回復しても賃金が上がりにくかった理由

†特に弱々しい正社員の賃上げ

これまで見たように、アベノミクスの発動以降、雇用状況は顕著に改善した。実際、この二〜三年は就職難を耳にすることはほとんどなくなり、逆に人手不足が深刻化しているという報道を目にすることが多くなった。そして、そのような状況を背景に、パートやアルバイトなどの非正規雇用の賃金は、明確に上昇し始めるようになった。

しかしながら、正規雇用も含めた就業者全体の賃金上昇トレンドは、未だにきわめて弱々しい。それはとりわけ、「大企業正社員の基本給」という、労働市場のコア部分について強く当てはまる。大企業の多くは、これだけの企業収益の改善にもかかわらず、新入社員の確保のために初任給を上げるとか、社員のボーナスを上げるということはしても、社員の基本給を上げることには及び腰なのである。業を煮やした政府は、二〇一八年春闘を前にして、「賃上げ三％」という数値目標まで掲げて、経営者団体に賃上げを要請することになった。

日本の就業者の平均的な名目賃金すなわち額面上の賃金は、バブル崩壊後もしばらくは上昇し続けていたが、消費税増税を発端とする一九九七年からの経済危機を契機に下落し続けるようになった。さらに二〇〇九年頃には、リーマン・ショックに始まる世界経済危機の影響を受けて急落した。日本の名目賃金がようやくわずかながら上向きのトレンドに転じたのは、アベノミクスが始まった二〇一三年以降のことにすぎない（**図表4－1**）。

こうした日本の低い名目賃金上昇率は、日本経済の物価上昇率が未だに低いことの原因ともなっている。物価が継続的に上昇するためには、その物価以上に賃金が上昇しなければならない。というのは、物価が上がったにもかかわらず賃金が上昇しないということになれば、賃金上昇から物価上昇を差し引いた実質賃金は下落することになり、人々は継続的に貧しくなってしまうからである。

経済学的には、賃金は労働の「限界生産性」によって決まる。これは、十分な労働需要が維持されている限り、実質賃金は生産性の上昇とともに上がり続けることを意味する。

現在の人工知能（ＡＩ）などが示しているように、労働生産性は一般に、技術革新があれば必ず上がっていくものである。その結果として生じる実質賃金の上昇が、二％のインフレ経済の中で実現されるためには、少なくとも二％以上の名目賃金の上昇が必要なのである。

†不況の初期段階における賃金動向

名目賃金と物価は通常、景気が良い時には上昇し、悪い時には下落すると想定される。これは、例のフィリップスカーブから裏付けられる。フィリップスカーブには、**図表４－２**のような失業率とインフレ率との相関関係を示した「物価版」のそれと、失業率と賃金上昇率との相関関係を示した「賃金版」のそれとがある。この両者はともに、おおむね「右下がり」の曲線になることが知られている。これは、景気が良い時にはＧＤＰギャップが縮小することで失業率が低下すると同時に物価と賃金の上昇率が上がり、景気が悪い時にはその逆になるためである。

ただし、こうした単純な関係は、あくまでも景気あるいは失業率と「名目賃金」との間にのみ成立するものにすぎない。景気循環の過程における「実質賃金」の動きは、通常はより複雑である。

図表 4-4：日本の名目賃金指数、消費者物価指数、および実質賃金指数
（1990 年を 100 とした指数、1990-2016 年）

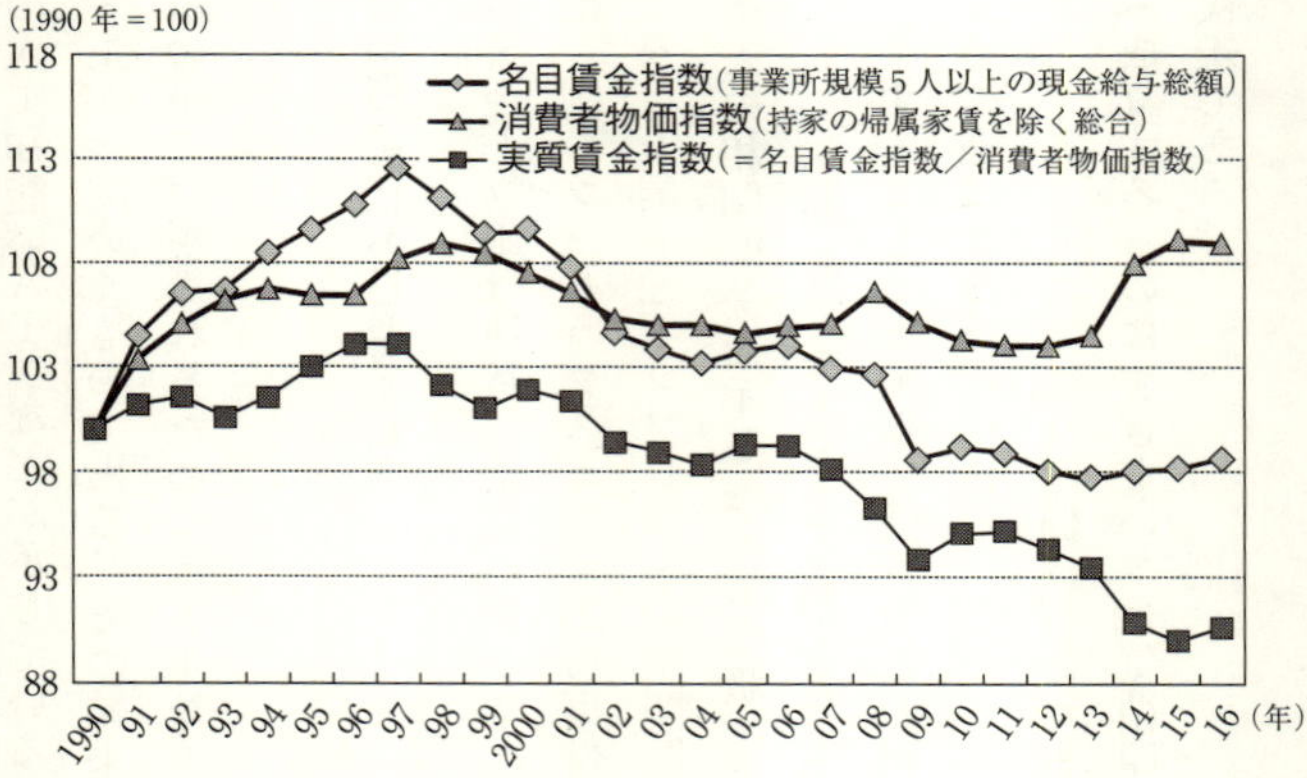

（データ出所）厚生労働省、総務省統計局

図表４－４は、一九九〇年を一〇〇とした日本の名目賃金指数、消費者物価指数、実質賃金指数（＝名目賃金指数／消費者物価指数）である。一九九〇年代の日本経済では、バブルの崩壊による景気悪化によって、失業率の一貫した上昇が生じた。にもかかわらず、日本の実質賃金は、一九九七年頃まで高い率で上昇し続けた。それは、不況によってインフレ率が低下する中でも、名目賃金の上昇率がそれほど低下しなかったからである。

通常の賃金版フィリップスカーブによれば、景気が悪化して失業率が上昇すれば、名目賃金の上昇率は低下する。実際、**図表４－４**の名目賃金指数の「傾き」から判断できるように、一九九〇年から九一年には三〜四％あった名目賃金の上昇率が、一九九三年以降は一〜二％にまで低下している。しかしながら、名目賃金の額面それ自体は、依然として上昇し続けている。それは、労働市場には「名目賃金の下方硬直性」が存在するためである。

一般に、インフレが定常化されているような経済においては、名目賃金の上昇もまた制度的に慣例化される傾向がある。というのは、そうでないと実質賃金の適正な上昇が実現できないからである。

たとえば、日本では長年、春闘と呼ばれる労使交渉を通じた年々の賃上げが、「ベア」と呼ばれる一律引き上げとして制度化されていた。このベアの上げ幅は、企業収益が良ければ上がり悪ければ下がるというように、その時々の景況や個別企業の経営状況に依存して変動した。

しかし、経営が悪化してベアの上げ幅がゼロになることはあっても、余程のことがない限りマイナスにはならなかった。それは、ケインズが『一般理論』第二章（Keynes [1973]）で指摘したように、労働者は一般に、実質賃金よりも名目賃金の低下に対してより強く抵抗するからである。その結果として生じるのが、名目賃金の下方硬直性である。

各企業の名目賃金改訂に「ゼロ」という下限がある場合、経済全体の平均的な名目賃金上昇率は、不況期でもマイナスにはならない。というのは、慣例としての賃金ベアを維持する企業は、数は減っていくだろうとはいえ、不況期でもそれなりに存在するからである。つまり、一九九七年頃までの日本経済では、不況の中で名目賃金上昇率は低下したとはいえ、それがマイナスになることはなかった。むしろ、名目賃金の額自体は上昇し続けた。他方で、不況によってインフレ率は下落し、それはやがてほぼゼロとなった。その結果が、**図表4－4**が示すような実質賃金上昇率の高止まりであった。

このように、不況の初期段階では、実質賃金は高い上昇率を維持することが多い。これは、不況による総需要の減少が、下方硬直性を持つ賃金よりも、それを持たない物価をより大きく引き下げるためである。この場合の実質賃金上昇は、当然ながら、生産性上昇や労働需要拡大によって生じる完全雇用時の実質賃金上昇とは性格が異なる。

この不況下の実質賃金上昇に直面した企業は、解雇や新規採用の縮小によって雇用をより厳しく抑制しようとする。その結果、経済全体の失業率はより一層上昇する。それが、一九九七年頃までの日本経済の状況であった。

†賃金下落の開始の分水嶺としての一九九七年経済危機

戦後の先進諸国では、財政政策と金融政策を用いたケインズ的な総需要管理が制度化されたため、一九三〇年代の大恐慌期のような深くて長い景気低迷は、少なくとも二〇〇八年のリーマン・ショックまでは生じることがなかった。それゆえに、名目賃金が大きく下落するという状況が長期にわたって続くこともなかった。しかし、一九九七年からの日本経済では、それが生じたのである。

日本経済は一九九六年頃に、ようやくバブル崩壊後の不況からの回復過程に入ったかのように見えた。しかし、一九九七年四月の消費税増税を発端として、景気が再び悪化し始めた。そして、一九九七年秋には戦後最大の金融危機が生じ、多くの企業や金融機関が破綻した。その結果、一九九六年には改善のきざしを見せていた雇用状況が再び悪化し、その後の失業率は二〇〇〇年代初頭まで一方的に上昇し続けた。

そこで生じたのが、戦後のとりわけ高度成長期を通じて日本企業の間で一般化していた雇用慣行の空洞化であった。バブル崩壊以降の長期にわたる収益低下に耐えかねて、多くの企業が従来の慣例であった年功に応じた定期昇給を放棄し、成果主義などの導入を模索するようになった。その目的は明らかに、賃金の切り下げにあった。

日本企業はさらに、賃金コスト全体の圧縮のために、平均賃金の高い正規雇用から、それが低い非正規雇用への置き換えを積極化させた。就業者に占める非正規雇用の比率は、一九九〇年代前半には二〇%程度がほぼ維持されていた。しかし、一九九七年の経済危機以降は、正規雇用の絶対数が減少し、それが非正規に置き換えられていくようになる。そしてそれによって、就業者全体に占める非正規雇用比率は断続的に上昇し続けるようになる。

春闘のベアもまた、一九九七年以降は一気に形骸化していく。二〇〇〇年代になると、デフレを背景として、ベアの「見送り」や「停止」が一般化する。そして、リーマン・ショック後の二〇〇九年には、遂にベアが完全放棄されるにいたるのである。

こうして生じた雇用制度の変化の本質は、要するに企業による賃金コストの圧縮であった。日本企業はこの頃には、単に不況によって販売が減少するだけでなく、デフレによって収益の額自体が縮小する時代に入っていた。そうした状況下では、企業がバブル期以前のようにベアや定期昇給を通じて労働者の名目賃金を年々引き上げ続けるなどは、とうてい不可能であった。

つまり、日本経済は一九九七年の経済危機以降、名目賃金の下方硬直性というアンカーが失われた、賃金が恒常的に下落し続ける時代に入ったのである。その下落幅は、深刻化していた物価下落をも上回るものであった。そのため、それまでは上昇し続けていた実質賃金も、遂には下落していくことになったのである。

これは、日本ではこの時期以降、単により多くの人々が職を失っただけでなく、運良く職を得た人々も時を経るごとに実質的により貧しくなっていったことを意味する。その責はすべて、先走った消費税増税とデフレ許容的な金融政策という、この時期の政府と日銀による歪んだマクロ経済政策運営に求められるべきである。

†実質賃金が上がりにくい景気回復の初期段階

日本の名目賃金は、リーマン・ショック後の二〇〇九年には急落したが、その後は少なくとも大きく下がることはなくなった。他方で、実質賃金の方は二〇一四年に急落している。これはしかし、その四月に実施された消費税増税が消費者物価の上昇に直結したからであり、必ずしも経済基調の変化によるものではない。

既述のように、実質賃金は本来、労働生産性の上昇とともに上がるべきものである。しかしながら、景気回復の初期においては、なかなかそれが現実化しない。それは、その段階ではまだ不況の中で拡大した労働の余剰が十分に解消されていないので、名目賃金が下げ止まりはしても、それが上昇に転じるまでにはいたらないからである。それに対して、物価の方は、総需要の拡大により徐々に上昇し始めることが多い。その場合、実質賃金は上がるのではなくむしろ下がることになる。

しかしながら、この段階で生じる実質賃金低下は、不況の中で生じるそれとはまったく意味が異なる。不況下の実質賃金低下は、一九九七年以降の日本のように「物価よりも名目賃金の方が大きく下がる」ことによるものである。それに対して、景気回復段階のそれは「名目賃金が物価のようには上がらない」ことによるものである。前者は一般に失業の拡大を伴うのに対して、後者は失業の縮小を伴うのであるから、その意味は正反対である。

アベノミクスの批判者たちはしばしば、それが実質賃金の低下しかもたらさなかったと批判する。確かに、アベノミクスが発動された二〇一三年以降の実質賃金は、二〇一四年の消費税増税の影響はあるにしても、ごく近年までは明らかに低下し続けてきた。

しかし、上の考察から明らかなように、仮に実質賃金の低下が生じていたにしても、それが失業の縮小と雇用の拡大を伴っている限り、それを否定的に捉える必要はまったくない。そして実際、アベノミクスの発動以降、日本の雇用状況は顕著に改善し続けてきた。

そもそも、ケインズが『一般理論』で明らかにした最も重要な論点の一つは、「労働需要の拡大のためには、名目賃金の低下は必要ないが、実質賃金の低下は必要」ということであった。実質賃金は、労働市場が完全雇用に近づいて始めて上がる。つまり、ケインズ的な考え方によれば、少なくとも雇用の改善が必要な不完全雇用の間は、実質賃金は必ずしも大きく上がるべきではないのである。

†労働市場の構造変化と構造的失業率の低下

通常、労働市場が完全雇用に近づき、労働の余剰が解消された時に起きるのは、労働への超過需要拡大による名目賃金の上昇である。その段階では、物価も上昇するが、それ以上に名目賃金が伸び、実質賃金がようやく上がり始める。実質賃金はそこにいたってはじめて、本来あるべきように労働生産性の上昇と歩調を合わせて伸びるようになる。

日本経済は現在、おそらくそのような完全雇用点に着実に近づきつつある。というのは、地域の景況にもよるが、少なくとも非正規の労働市場では、各地で名目賃金の明確な上昇が生じ始めているからである。

とはいえ、正規も含めた労働市場全般においては、名目賃金の上昇は未だ十分ではない。その伸びの鈍さは、失業率や有効求人倍率といった数字の表面的な改善具合からすると、不可解なもののようにさえ写る。

そのパズルを解くためには、おそらくは「労働市場の構造変化」に注目しなければならない。というのは、上述のように、日本の雇用制度は、とりわけ一九九七年の経済危機を契機として大きく変わったからである。

端的にいえば、二%台後半という現在の失業率は、同水準であった一九九〇年代前半とは、その内実が大きく異なる。日本の就業者に占める非正規雇用の比率は、近年ようやく低下しつつあるとはいえ、二〇一六年時点で四〇%弱にまでいたっていた。既述のように、その比率は一九九〇年代前半にはせいぜい二〇%程度であった。同じ二・八%の失業率であっても、雇用中の非正規比率が四〇%か二〇%かでは大きな相違がある。要するに、一九九〇年代前半には、日本企業は全体として、現在よりも「より多くの高賃金な雇用」を提供していたのである。

ごく単純に言えば、企業の労働需要は、賃金が高ければ減り、低ければ増える。それは、より低賃金である非正規雇用の比率が大きくなれば、労働需要はそれだけ増え、失業率はその分だけ低下して当然であることを意味する。

仮に現在の日本の非正規雇用比率が四〇%ではなく二〇%であったとすれば、日本の失業率は必ず現状よりも高くなっていたはずである。というのは、企業はその場合、正規雇用の高賃金に見合うだけの限界生産性を持つ限られた労働者しか雇用しないはずだからである。

これをマクロ経済学の枠組みから言えば、「労働市場における構造的失業率が低下した」ということになる。構造的失業率は一般に、政府や労働組合などの労働市場の規制拡大によって上昇する。しかし日本では、労働市場の規制緩和などによって、企業は非正規の低賃金労働をより「柔軟に」利用できるようになった。そう考えると、日本の構造的失業率は、従来の想定とは異なり、上昇するよりも低下した可能性の方が高いのである。

†拡張的マクロ政策からの「出口」を焦ってはならない

つまり、失業率や有効求人倍率に関する現在の数字は、旧来のそれと比較して、低賃金の非正規雇用が拡大した分だけ「かさ上げ」されたものと考えなくてはならない。その点を差し引くと、実際の雇用状況は、実は数字ほどには改善されてはいないのである。未だに賃金の引き上げが十分に進展していないのは、おそらくそのためである。

確かに、非正規雇用では賃金上昇が生じ始めたが、それは「賃金が正規よりも大幅に安い」からにすぎない。本当に人手不足なら、企業は非正規のみならず正規においても、労働力の確保や流出阻止のために賃金を引き上げ始めるはずである。日本経済は、その状況にいたってはじめて、本当の意味での完全雇用に到達したといえる。

このことは、今後のマクロ経済政策運営に対しても、大きな示唆を持つ。雇用状況の改善が実態としては未だに不十分であるとすれば、政府と日銀はこれまでにも増して、高圧経済状況、すなわち「企業が市場の圧力によって賃上げを強いられる」ようなマクロ経済状況を一刻も早く実現すべく、政策運営を行わなければならない。

最悪なのは、政府や日銀が、失業率や有効求人倍率の数字上の改善に惑わされて、財政拡張や金融緩和からの先走った「出口」を模索し始めることである。拡張的マクロ政策の転換は、賃金や物価の明確な上昇を確認してから行えばよく、それで問題は何もない。むしろ、マクロ緊縮政策への早まった転換こそが、日本に長期デフレ不況をもたらした本質的な原因であったことを忘れてはならないのである。

第5章

経済政策における緊縮と反緊縮

1. 日銀債務超過論の不毛

†自民党行政改革推進本部による日銀債務超過論

日銀の異次元金融緩和政策に対しては、それはその出口で大きな金融上の混乱を引き起こすという定番の批判が存在する。本書第3章4節では、そのような批判は基本的に的外れであることを論じた。異次元緩和政策の出口は、長期金利操作を通じてスムーズに行われることが予想されることから、金融市場の混乱がもたらされる可能性はきわめて少ないのである。

ところで、この出口に絡んだ異次元金融緩和政策へ定番的批判の系論の一つに、「日銀債務超過論」というものが存在する。それは、出口局面における日銀の財務に焦点を当てた議論である。

日銀は通常の状況では、保有資産の利子などから収益（剰余金）を得ており、それを法定準備金、配当金、国庫納付金などに充当している。しかし、異次元緩和の出口局面では、国債等の保有資産のキャピタル・ロスや、負債である日銀当座預金に対する付利（利子支払い）の増加などから、この剰余金の減少が予想される。日銀債務超過論は、この状況を問題視し、「異次元緩和の出口局面において、日銀の剰余金はマイナスとなり、そのバランスシートは債務超過に陥り、円の信認が毀損される」といった主張を展開する。

こうした日銀債務超過論の典型的な一つは、自由民主党の行政改革推進本部（河野太郎本部長、木原誠二事務局長）が二〇一七年四月一九日に公表した「日本の金融政策についての論考」である。この「提言」は、冒頭では異次元金融緩和政策への一定の評価が示されており、単なる野党的な批判とは一線を画すかのような体裁を取っている。しかしその内実は、「出口における日銀財務リスク」を過大視した典型的な日銀債務超過論である。実際、河野太郎行革推進本部長によるブルームバーグでの四月二八日付インタビュー「自民・河野氏：日銀は異次元緩和の出口を語れ、長期化するほど困難に」では、より直裁に異次元金融緩和政策への本音的な批判が語られている。

もちろん、専門家が出口問題をさまざまな立場から論じることは重要である。しかしながら、日銀債務超過論はこれまで、異次元緩和政策を批判し続けてきた一部の論者や、どちらかといえば景気後退局面で利益を得てきた債券業界の関係者がもっぱら喧伝してきた主張である。政策への影響度が格段に強い政権与党の側が、一定の利害を背負ったそのようなきわめて筋の悪い立論に基づいて、現状の政策の早期停止を求めるような「提言」をするとなれば、その見識を問われることになるのは当然である。それは少なくとも、一方の見解に肩入れすることで、結果としてデフレ脱却に向けた政府および日銀のこれまでの努力や成果をないがしろにするものである。

†出口よりもまずは完全雇用とインフレ目標の達成

日銀はこれまで、出口において想定される日銀の財務状況について、内部的なシミュレーションを行ってはいるが、現状ではそれを公表するような段階にはいたっていないと、再三再四述べてきた。

たとえば、岩田規久男副総裁は、二〇一七年四月二五日の参院財政金融委員会で、藤巻健史委員（維新）の質問に答えて、金融緩和政策からの出口戦略について「いくつかのシミュレーションはしている」と明言しつつ、目標とする物価二％に距離がある現状では「（出口戦略を）公表するとかえって市場の混乱を招くため、今は控えている」と述べた。

また黒田東彦総裁は、二〇一七年四月二七日の記者会見で、先の行政改革推進本部提言を意識しつつも、「具体的なイメージを持って話すのは時期尚早」と述べた。

日銀がこのように、内部的に行われている出口分析の公表に慎重であるのは、当然のことである。というのは、現状で重要なのは、まずは一刻も早く完全雇用を達成して目標インフレ率に到達することだからである。行政改革推進本部提言は「出口戦略の要諦は市場とのスムーズな対話」にあるとして、出口分析の開示を日銀に求めている。しかし、現状で必要なのは、出口がどうなるかではなく、「今のところ出口はあり得ない」ことを市場に知らしめることなのである。

確かに日本経済は、失業率の低下や雇用状況の改善等に見られるように、一九九〇年代から二〇年以上続いたデフレ期以前の、マクロ経済的に正常な状態に戻りつつある。つまり、着実に出口に近づきつつあるとはいえる。

とはいえ、賃金や物価の上昇は未だ不十分である。おそらく、二%というインフレ目標が視野に入るのは、最も早くても二〇一九年頃になるであろう。その間に予想できなかったマイナスのショックが生じた場合には、目標達成はさらに遅くなる。また、それ自体は悪いことではないが、前章3節で論じたように、構造的失業率がむしろ低下しており、完全失業率が二%近くになってもまだ二%インフレ目標に到達しない可能性もある。

そのような状況で、日銀が何らかの出口シミュレーションを公表して、金融引き締めを市場に織り込ませるようなことをするのは、目標達成をわざわざ自ら妨害するようなものである。そして、その日銀に出口分析を開示せよと要求するというのは、日銀の足を引っぱることを目的とした、単なる嫌がらせにすぎない。

†「付利引き上げ」は行われるとしても相当に先

確かに、異次元緩和政策の出口の段階で、日銀剰余金の減少が生じる可能性は高い。しかし、行政改革推進本部提言が示唆するように、その出口が「円の信認を維持する措置を講じざるを得ない」といった状況を招くことは、まったく考えられない。というのは、「通貨の信認」とは要するに通貨価値が維持できているということであるが、そのために重要なのは、中央銀行が通貨供給を適切に管理することであり、それ以上でも以下でもないからである。中央銀行の損益や自己資本どうであろうとも、中央銀行が通貨供給を適切に管理できなければ通貨価値は維持できないし、その逆も真である。そして、中央銀行の通貨供給調節において、その損益や資本状況が制約になることはない。

そもそも、日銀が債務超過に陥る可能性はそれほど大きいとはいえない。また、仮に日銀の債務超過が生じたとしても、それは過渡的なものにすぎない。つまり、日銀債務超過論とは、部分的に生じる事象を意図的に大げさに言挙げした批判のための批判であり、福沢諭吉のいう「極端主義」そのものなのである（福沢［1995］）。

行政改革推進本部提言は、出口において日銀の財務状況が悪化する主な原因として、「日銀当座預金に対する付利引き上げによる利子支払いの増加」と「日銀が保有する国債等の資産の減損」の二つを挙げている。この二つの要因のうち、かつて重視されていたのは後者であった。しかし近年では、米ＦＲＢが「付利引き上げによる出口戦略」を選択したことによって、前者が強調されることが多い。そこでここでは、後者は次節で論じることとし、とりあえずこの前者すなわち「付利引き上げ」問題を考察することにしよう。

本書第３章４節で論じたように、量的緩和政策からの出口のこれまでの実例には、福井俊彦総裁時代の日銀による二〇〇六年のそれと、二〇一五年一二月の政策金利引き上げによって開始された、米ＦＲＢによる現在進行中のそれがある。この二つの出口の最も大きな相違は、福井日銀がそのバランスシートをごく短期間に一気呵成に圧縮することで政策金利引き上げを実現させたのに対して、米ＦＲＢは量的緩和によって拡大したバランスシートをおおむね維持しながら利上げを行ったところにある。

米ＦＲＢがそのために用いた手段が、「金融機関が中央銀行に対して持つ準備預金の超過部分に対する付利の引き上げ」であった。金融機関が短期金融市場で借り入れを行う場合、必ず中央銀行預金への付利以上の金利を支払わなければならないので、中央銀行がベースマネーを吸収してバランスシートを圧縮しない場合でも、付利を引き上げることによって政策金利である短期市場金利を引き上げることが可能となる。

現在の異次元金融緩和政策からの出口も、福井日銀のようなバランスシートの即時圧縮によるのではなく、FRBが現在行っているような「バランスシートを維持しながら」のものになる可能性は高い。しかし、仮に日銀が付利の引き上げをある時点で行うにしても、それは相当に先のことになるはずである。

第3章4節で論じたように、日銀が将来的に行う異次元緩和政策からの出口は、かつての福井日銀のやり方も、また現在のFRBのそれも、そのままの形で踏襲されることはおそらくない。というのは、市場関係者やメディアなどが予想しているように、その出口の第一歩は、現在のイールドカーブ・コントロール政策の枠組みを維持しつつ、「長期金利目標の引き上げ」という形で行われる可能性が強いからである。付利の引き上げが行われるとすれば、それは「インフレの加速を抑制するには長期金利のみではなく短期市場金利の引き上げも必要となる」という状況においてである。しかし、そのような状況が訪れるのは、おそらく出口を開始してからさらに数年経った後になる。

ここで想起すべきは、現在の日銀は、インフレ率が二％を一時的に上回ってもすぐに金融緩和をやめるのではなく、それが安定的に二％を超えるまでベースマネーの拡大を継続するというオーバーシュート型コミットメントを行っているという点である。これは、インフレ率が仮に二％に到達したとしても、本格的な出口が実行されるのはその先になるということを意味する。それまでに、長期金利目標が徐々に引き上げられる結果として、ベースマネーの増加が抑制される可能性はある。しかし、「ベースマネーの吸収によるバランスシートの圧縮」という意味でのテーパリングが実行されるのは、あくまでもインフレ率が安定的に二％を超えたのちのことである。その前の段階で付利の引き上げが行われる可能性はほとんどない。

そもそも、日銀当座預金の一部には、現在は付利ではなくマイナス金利が適用されている。したがって、付利の引き上げの前には、まずはマイナス金利の廃止が実行される必要がある。そして、それが可能になるためには、現在はゼロ％とされている長期金利目標が引き上げられる必要がある。というのは、二〇一六年九月にイールドカーブ・コントロール政策が導入されたのは、イールドカーブをスティープ化させることで短期金利と長期金利の差を確保し、金融機関の収益機会を保全することにあったからである。

つまり、付利の引き上げが実行されるのは、長期金利目標が引き上げられ、さらにはマイナス金利が廃止されたのちのことである。現在はまだそのとば口にも達していない。

†付利による剰余金減少は過渡期の現象にすぎない

とはいえ、インフレ率が安定的に二％を超えるにいたったあかつきには、異次元金融緩和政策からの出口は、必ず実行されることになる。そして、その特定の段階においては、付利の引き上げが実行される可能性が高い。その時、日銀の剰余金はおそらく減少するし、一時的には赤字になる可能性もある。

そのように日銀の剰余金が赤字になったとしても、それは主に、名目金利の上昇による日銀保有資産のキャピタル・ロスなどによって生じる過渡的な現象にすぎない。というのは、インフレ率が安定的に二%を超え、名目金利も安定的な水準まで上昇した定常的な状況では、日銀の資産から得られる収益は、その負債である当座預金への付利を必ず上回るはずだからである。つまり、「収益>付利」となるので、日銀の剰余金が恒常的に赤字になることはない。

中央銀行のバランスシートにおいては、負債はベースマネーであり、それは主に発行銀行券と中央銀行当座預金からなる。そしてその資産は、主に国債と中央銀行貸出からなる。つまり、付利を支払わなければならないのは、そもそもベースマネーから発行銀行券分を差し引いたその一部にすぎない。さらにその付利を支払う当座預金分も、基本的には国債運用や中央銀行貸出として収益が得られている。仮に国債金利が二・五%に上昇したとすれば、過渡期に生じるキャピタル・ロスを除けば、日銀は付利を支払う当座銀行預金分の運用によって、二・五%の利益を得る。その時、付利が二・五%を上回っていることはない。

その点を理解するのに有益なのは、政策金利における「コリドー」という概念である。これは、政策金利である短期市場金利は、中央銀行当座預金への付利を下限とし、中央銀行による貸出金利を上限とするコリドー（回廊）の中に収まるという考え方である。つまり、「中央銀行の貸出金利＞短期市場金利＞中央銀行当座預金への付利」となる。

ここから明らかなように、中央銀行当座預金への付利は、あらゆる金利の下限である。したがって、中央銀行が貸出も含めてその資産から正常な収益を得ている限り、付利そのものによって日銀の剰余金が恒常的に赤字になることはないのである。

ところで、行政改革推進本部提言は、この問題について、「日銀が目標として掲げる二％の物価目標を達成した際、すなわち現在の大規模な金融緩和の出口に直面した際、市中の名目金利も二％を超えて上昇していくことも想定されるため、日銀は市中金利を上回る金利を銀行の超過準備に付与しなければならない」と述べている。しかし、先のコリドーの考え方から明らかなように、日銀の付利は各種金利の下限であるから、「市中金利は必ず日銀の付利を上回る」のである。自民党行政改革推進本部は、日銀がなぜ「市中金利を上回る金利を銀行の超過準備に付与しなければならない」のかを説明すべきであろう。

†付利による銀行収益は預金準備率引き上げによって圧縮可能

つまり、付利そのものによって日銀の収益が赤字になることはない。しかし、付利に問題がまったくないかといえば、必ずしもそうとはいえない。

実は、銀行などの金融機関が中央銀行に預金を置いておくだけで付利という収益を得られてしまうというのは、国民の共有財産である通貨発行によるシニョレッジの一部を、濡れ手に粟のようなノーリスクの収益として銀行に付与することを意味する。それは、中央銀行の預金残高がそれほど大きくない場合には、許容可能かもしれない。しかし、日銀が大きなバランスシートを維持したまま付利を引き上げるとすれば、それは「過大な銀行優遇」と判断される余地はある。

行政改革推進本部提言のような日銀債務超過論は、もっぱら付利の引き上げによる日銀剰余金の赤字化を問題視している。しかし、そのようなことが生じるとすれば、それは銀行がそれに相当する収益を得ているからなのである。そして、もし付利に問題があるとすれば、それはむしろ、この「銀行が得る不公正かつ過大な収益」の方にある。

幸いなことに、この問題については、「預金準備率の引き上げ」という有効な対応策が存在する。それについては、行政改革推進本部提言も、「なお、金融機関の預金準備率等を大幅に引き上げることにより（その場合、日銀にとっては金利を支払う必要が無い負債が増えることを意味するため）日銀の損失を和らげることもできるが、この政策を採用すると、本来日銀から受け取ることができる金利が減少するため、金融機関の収益を大きく圧迫することは避けられない」と指摘している。

この記述の問題点は、そもそも「付利による日銀の損失とは金融機関にとっては収益」であることをすっかり忘却しているように思われることである。日銀から受け取ることができる金利という濡れ手に粟の収益が減ったことで経営が困難になるような金融機関は、もともと存在する意義はなかったと考えるべきであろう。

もっとも、付利を引き上げるとか預金準備率を引き上げるということで、金融機関の収益が一時的に増減することはあったとしても、それはやがては正常な水準に収斂していくはずである。それは、特定の産業に対して行われる補助金や課税のことを考えてみれば明らかである。補助金によってある産業全体に一時的な超過利益が発生しても、市場が競争的な状態にあれば、供給量や価格の調整によってその超過利益はやがて消失する。課税の場合にはその逆が生じる。

つまり、金融機関の経営問題は本質的ではない。本質的に問われるべきは、付利という形の国民負担の是非である。

ところで、この預金準備率引き上げという手段は、以前から一部の専門家によって、量的緩和からの出口における一つの政策オプションとして提案されていたものである。それは、中央銀行が預金準備率を引き上げれば、金融市場がそれだけタイトになるので、中央銀行がバランスシートを大きく圧縮させることなく市中金利の引き上げが実現できるからである。右記のように、それは同時に、付利によって発生する銀行の過大な収益を抑制することもできる。まさしく一石二鳥ということである。

2. 国債が下落しても誰も困らない理由

†国債下落のキャピタル・ロスを誰が負うのか

前節では、「異次元金融緩和の出口局面において、日銀の剰余金はマイナスとなり、そのバランスシートは債務超過に陥り、円の信認が毀損される」といった、いわゆる日銀債務超過論が基本的に的外れであることを指摘した。

異次元緩和からの出口において、日銀の剰余金はおそらく減少するであろうし、一時的にはマイナスとなる可能性もある。しかし、仮に日銀のバランスシートが債務超過に転じても、それは出口における過渡期の現象にすぎない。というのは、「日銀の資産から得られる収益がその負債に対して支払う付利を将来にわたり恒常的に下回る」ことはあり得ないからである。

日銀の剰余金が減少するとすれば、その原因は主に、日銀が資産として保有する国債の価格下落による。出口局面においては、国債金利はおそらくインフレ率を後追いするように上昇し、最終的には実質金利の分だけインフレ率を上回ることになる。その場合、日銀保有の国債にキャピタル・ロスが発生し、既存の国債から得られる平均収益が市場での国債金利を下回る可能性がある。さらに、その日銀保有資産の収益率が日銀負債の一部である日銀当座預金への付利を下回った場合、いわゆる「逆ざや」が生じて、日銀の剰余金が赤字化する可能性がある。そのような試算の一つに、吉松崇「中央銀行の出口の危険とは何か」(原田・片岡・吉松編 [2017] に所収)がある。

つまり、国債金利の上昇局面においては、確かに日銀の剰余金が赤字化する可能性は高い。場合によっては、日銀が債務超過に転じる可能性もなくはない。もちろん、それはあくまでも、インフレ目標が達成されたのちに日銀保有国債の借り換えが完了するまでに生じる「過渡期の現象」である。とはいえ、過渡期の現象だから問題ないとはいえないという反論は当然あり得よう。

ここでは、前節ではいったん脇に置いておいた、この「国債金利上昇＝国債価格下落によって生じるキャピタル・ロス」問題を考察する。

結論からいえば、国債金利上昇＝国債価格下落によって日銀の剰余金が一時的に赤字化しても、問題は何もない。というのは、国債価格の下落によって生じるキャピタル・ロスは、狭義の政府にとってはキャピタル・ゲインであるため、仮に日銀に損失が生じても、日銀と狭義政府の財政を統合した「統合政府」では、その損失はすべて相殺されるからである。

他方で、国債を保有する民間金融機関等は、国債価格が下落すれば、その分の損失を被る。しかしながら、国債金利の上昇によって生じる民間部門の損失は、おおむね他の金融取引からの収益によって埋め合わされる。そもそも、国債金利が下落するような景気後退局面では、国債保有者は逆にキャピタル・ゲインを得てきたはずである。つまり、そのようにして生じる民間金融機関の収益変動は、不況期には拡大し好況期には減少するような、ある種のビルトイン・スタビライザー（自動安定化）機能と考えることができる。

†国債のキャピタル・ロスが政府のゲインである理由

一般に、国債金利の変動による国債価格の変動、すなわちそのキャピタル・ロスやゲインは、金利の変動幅と満期までの残存期間に依存する。以下ではそのことを、「新規一〇年物固定利付国債」を例に考察しよう。

政府が財政赤字の補塡のために、表面金利二％額面金額一〇〇万円の一〇年国債を発行し、それを民間金融機関に売却したとしよう。そして、その売却の直後に、何らかの理由によって、市場における国債利回りが四％に上昇し、その四％の利回りがそれ以降一〇年間継続すると仮定しよう。

その場合、運悪くも金利上昇の直前にその国債を購入した金融機関は、国債利回り四％と表面金利二％の差し引き二％に対応する毎年二万円のインカム・ロスを満期までの一〇年間計上し続けるか、その国債を他の金融機関に売却して約一六万二千円の売却損を確定するかいずれかになる。

この約一六万二千円というキャピタル・ロスは、毎年二万円だけ発生する一〇年間分のインカム・ロスの割引現在価値を、金利四％の割引率で計算した値である。すなわち、（二万円／一・〇四）＋（二万円／一・〇四の二乗）……（二万円／一・〇四の一〇乗）≒一六万二千円、である。この国債を途中売却した場合には、それまでに計上したインカム・ロスの分だけキャピタル・ロスは減少するが、それらをすべて合算すれば、結局は同じ値になる。

このように、保有国債の利回りがその購入時の収益率よりも上昇すれば、国債保有者は必ずキャピタル・ロスを被る。そして、上の計算式から明らかなように、そのロスは、利回りの上昇幅が大きいほど、そして満期までの残存期間が長いほど大きくなる。

しかしながら、そのキャピタル・ロスは、まさしく政府にとっての利得となっている。あらゆる債権と債務は表裏一体なので、債権保有者にとってのロスは、債務保有者にとってはゲインとなるのである。

もしこの市場での突然の金利上昇が、政府が国債を発行した後ではなく前に発生していたならば、国債の表面金利は二％ではなく四％になっていたはずである。その場合には、政府は四％の金利を一〇年間支払い続けることになり、国債にはキャピタル・ロスもゲインも発生しない。

それに対して、右の例のように金利の上昇が国債発行後に生じた場合には、政府は「一〇年間の金利支払いが毎年四万円ではなく二万円ですむ」ことになる。その差額分の割引現在価値を金利四％の割引率で計算すれば約一六万二千円となるのだから、政府はそれに相当する利得を得ていることになるわけである。

実際、もし政府が市場からこの国債を買い戻せば、八三万八千円（＝一〇〇万円－一六万二千円）で償却できる。つまり、一〇〇万円の借金が八三万八千円の返済ですむことになる。政府財政は当然、その分だけ改善する。

†日銀保有国債のキャピタル・ロスは「見せかけ」の問題

ここで、政府が財政赤字の補塡のために発行した、この表面金利二％額面金額一〇〇万円の一〇年国債を、民間金融機関を経由して、日銀が購入したとしよう。そして、その購入の直後に、市場における国債利回りが突然四％に上昇し、それが一〇年間継続するとしよう。

その場合、上の一六万二千円という国債のキャピタル・ロスは、すべて日銀が負うことになる。日銀が一〇〇万円で購入したこの国債を市場で売却しようとしても、市場価格である八三万八千円にしかならない。日銀はもちろん、その国債を満期まで保有し続けることもできる。しかしその場合には、国債利回り四％と表面金利二％の差し引き二％に対応する毎年二万円のインカム・ロスを満期まで計上し続けることになる。

ただし、日銀保有長期国債の会計評価は、二〇〇四年から、含み損を時価評価する低価法から、金利変動によるキャピタル・ロスは計上しない償却原価法に変更されている。そのため、一〇〇万円で購入された国債が満期に一〇〇万円で売り戻された場合、このロスは計上されない。そのロスは単に、「四％利回りではなく二％利回りであることによる剰余金の減少」として現れるだけである。

こうした会計上の扱いは脇において純粋に経済学的にいえば、市場の国債利回りが上昇すれば、日銀保有国債の一部には必ずキャピタル・ロスが発生する。しかし、上述のように、そのロスは、政府の側の利得に対応している。したがって、狭義の意味での政府と日銀の損益を一体化した「統合政府」では、国債のキャピタル・ロスによる損失はまったく発生していない。むしろ、日銀が保有する国債は政府が発行した国債の一部にすぎず、残りは民間金融機関等が保有していることを考えると、統合政府は国債価格の下落によって、ネットでは大きな財政上の利益を得ることになるのである。

以上の考察から、国債金利の上昇によって生じる日銀の財務状況の悪化は、純粋に「見せかけ」の問題であることが明らかになった。日銀がその保有国債からキャピタル・ロスを被っているとすれば、統合政府は必ずそれ以上の利益を得ている。したがって、狭義政府が日銀に対して保有国債から生じたキャピタル・ロスの分だけ財政補塡を行うことは、原理的には常に可能である。そして、それを行うことによる統合政府の財政負担はまったく存在しない。

とはいえ、それがたとえ単なる見せかけであったとしても、保有国債のキャピタル・ロスによって日銀の剰余金がマイナスになるとか、そのバランスシートが債務超過に転じるとなれば、市場に無用な誤解が生じる危惧はある。実際、そうなればおそらく、一部の論者や市場関係者は「円の信認が毀損される」等々と騒ぎ始めるであろう。

その点を踏まえて、元FRB議長ベン・バーナンキは、FRB理事時代の二〇〇三年五月に行った日本での講演で、そうした無用な懸念を除去するための一つの提案を行った(Bernanke [2003])。

それは、日銀保有の国債の金利を固定金利から変動金利へと転換する「ボンド・コンバージョン」である。この場合、市場における国債利回りの上昇は、既発国債の価格下落ではなく金利上昇そのものとなって現れるので、日銀にキャピタル・ロスは生じない。バーナンキが述べているように、それが政府の追加的な財政負担を意味しないのは、そもそも日銀保有国債のキャピタル・ゲインやロスは政府の純資産の逆の変化によって確実に相殺されているからなのである(原文では any capital gains or losses in the value of government securities held by the BOJ are precisely offset by opposite changes in the net worth of the issuer of those securities, the government treasury)。

このバーナンキ提案は、確かに一つの有意義な政策オプションである。しかし現実には、そこまでのことを行う必要もないかもしれない。というのは、日銀の収益は、量的緩和が進められて保有資産が拡大する局面で趨勢的に増大してきたし、また国債利回りが低下する局面ではそこから逆にキャピタル・ゲインを得てきたからである。

日銀は、異次元金融緩和政策を発動して以来、出口における剰余金の減少や赤字化に備えて、拡大する剰余金の資本への組み入れを積極的に行ってきた。国債利回りの上昇が想定外に突発的なものにならない限り、おそらくはそのような対応で十分であろう。

†国債価格変動のビルトイン・スタビライザー機能

以上のように、日銀保有国債のキャピタル・ロスは、統合政府ではすべて相殺される。そのことは、公的年金ファンドなど、他の政府関連組織が保有する国債についても同様である。相殺されずに残るのは、もっぱら民間金融機関などの民間部門が保有する国債分のキャピタル・ロスである。この事実はあるいは、一部の論者が喧伝してきた「国債金利が上昇して国債価格が下落すれば一部の民間金融機関は経営困難になる」という国債下落金融危機論に、一定の根拠を与えるようにも見えるかもしれない。

実際には、この国債下落金融危機論は、部分的に生じる事象を針小棒大に膨らませた、「木を見て森を見ない」議論の典型にすぎない。確かに、資産運用をすべて固定利付きの長期国債で行っているような金融機関が存在するとすれば、それは国債価格が下落すれば確実に困難に陥るであろう。しかし、金融機関の収益は本来、政府財政の仲介からではなく、民間経済主体間の金融仲介から発生しているのである。そこから得られる収益は、一般には、景気が改善して高い経済成長が実現されている時にこそ大きくなる。つまり、国債金利が上昇している時こそ拡大しているはずなのである。

異次元金融緩和の出口では、日本経済は既に完全雇用を達成し、賃金や物価が高まっていき、インフレ率は目標とされている二％を安定的に達成しているはずである。その時の名目経済成長率を三％とすれば、国債金利も最終的にはそれに近い水準まで上昇することになる。その状況では、金融機関が民間部門の金融仲介から得られている収益もまた、循環的には大きく拡大する局面を迎えているはずである。

それとは逆に、景気後退局面では、金融機関の金融仲介収益は縮小する。実際、一九九〇年代の日本や二〇〇〇年代のアメリカの金融危機が示すように、金融危機のほとんどは、景気が悪化して国債金利が低下するような局面においてこそ生じている。それは、民間金融機関の多くにとっては、保有する国債のキャピタル・ゲインよりも、他の保有資産のキャピタル・ロスや金融仲介収益減少の方がはるかに大きいからである。

このように、民間金融機関が国債保有から得られる収益は、一般的には金利が下落する景気後退期に増大し、金利が上昇する景気拡大期に減少する。これは、民間金融機関にとっての国債運用収益が、景気変動に対するバッファーとして機能していることを意味する。

右記のように、金融機関の金融仲介収益は、通常は景気に対して順応的な動きを示す。それに対して、国債運用の収益は、もっぱら反循環的な動きを示す。民間金融機関はこれによって、不況期を何とか堪え忍ぼうとする。そして、余裕ができた好況期になって、ようやくそのツケを支払うことになるのである。

これを政府の側から見れば、国債金利が上昇する景気拡大期には財政的なゲインが生じるが、景気後退期には財政ロスが生じていることになる。これは、政府財政の重要な役割の一つとしての、景気に対するビルトイン・スタビライザー（自動安定化）機能の現れと考えることができる。

一般に、景気後退期には税収減などによって政府財政が自動的に赤字化し、景気拡大期にはその逆が生じる。政府財政赤字とは政府から民間への財政移転であり、黒字はその逆であるから、それは結果として景気変動を自動的に安定化させるように作用している。それが、政府財政のビルトイン・スタビライザー機能である。不況期の増税が問題なのは、それがこの財政の持つ安定化機能を阻害してしまうからである。

同様なメカニズムは、民間金融機関の国債保有を通じても働く。景気後退期に生じる国債のキャピタル・ゲインは、金融システムの安定化と景気の下支えに寄与するような、政府から民間への財政移転である。景気拡大期に生じる国債のキャピタル・ロスは、政府が逆の財政移転によって、それを循環的に取り戻そうとするものなのである。

†日本で国債下落危機論が強い理由

このように、民間金融機関が国債保有から得られる収益は、基本的には景気変動を自動的に安定化させる方向に変動する。景気拡大期に「国債金利が上昇して国債価格が下落し、経営が困難になった」といったような金融機関が仮にあったとしても、それはきわめて局所的な事象にすぎない。にもかかわらず、この種の国債下落金融危機論は、市場関係者の一部を中心に、国内できわめて根強い。その理由はおそらく、日本経済が経験した未曾有の長期デフレ不況にある。

バブルが崩壊した一九九〇年代以降、日本経済は恒常的な低成長と物価下落を経験した。その間に、日本の長期国債等の利回りは、多少の変動を伴いつつも、趨勢的に下落し続けた。それは、日本の民間金融機関が、国債保有からキャピタル・ゲインを獲得し続けてきたことを意味する。その収益は、不良債権に苦しむ民間金融機関にとっての支えとはなったが、それらを苦境から完全に救い出すほどのものではなかった。そのことは、その間に多くの金融機関が破綻を余儀なくされたことからも明らかである。

この不良債権問題は、二〇〇〇年代前半にはほぼ解消された。しかし、マクロ経済における物価と金利の趨勢的低下は、その後も続いた。その結果、民間金融機関にとっては、国債運用は確実な収益であり続けた。民間金融機関の多くが、国債運用への依存度を高め、債券業務への傾斜を強めていったのは、そのことを示している。

つまり、日本の民間金融機関は、長期デフレ不況が続いた「日本の失われた二〇年」の間に、デフレ経済に過剰適応してしまったのである。このように、国債運用が主要な収益源であるという状況に民間金融機関が馴れきってしまえば、インフレと金利上昇が忌避されがちになるのも当然である。日本国内における国債下落金融危機論の根強さは、おそらくその一つの現れである。

3．健全財政という危険な観念

†経済論壇の「主流」としての財政破綻＝国債暴落論

経済本の一ジャンルに、「財政破綻本」とか「国債暴落本」というものがある。その内容はどれも大同小異であり、債務の対GDP比などを示しながら、日本の財政状況が他国と比較していかに悪いかを読者に印象付けた上で、日本経済には近い将来、国債の暴落、金利の急上昇、政府財政の破綻、円の暴落、預金封鎖、ハイパーインフレなどが起きると「予言」するというものである。

こうした本の多くは、事実上は「トンデモ本」に近いものではあるが、それらをすっきりと論破することはなかなか難しい。というのは、本質的に同様なストーリーを語っておきながら、表面的には真面目な専門書として書かれているような本も数多く存在しているからである。さらに、日本の財政破綻の可能性を経済モデルによって「学術的」に示したと称する論文やレポートは、巷に氾濫する国債暴落本と同じくらい枚挙に暇がない。

そうしたことから、日本のマスメディアや経済論壇では長らく、財政破綻のリスクを指摘しつつ増税を通じた財政の健全化を訴えるという論調が主流となってきた。日本の財政当局もまた、そのような見方を陰に陽に流布してきた。その結果、おそらく少なからぬ人々が、日本経済は政府の放漫財政によって破綻への道をひた走っているかのように思い込まされてきたのである。

もちろん他方では、そのような財政破綻論や緊縮主義を批判する議論も、ネットなどを中心にそれなりに存在している。しかし、よく知られた大手メディアで、そうした批判派の見解が肯定的に取り上げられることはほとんどない。おそらく、日本の財政が深刻であることは論議の余地もないほど自明であると考えている人々にとってみれば、財政破綻論や緊縮主義へのあからさまな批判は、きわめて奇矯かつ不健全な考えなのである。

実際には、日本経済にとってこれまで、本当の意味でリスクとなってきたのは、財政の悪化それ自体ではまったくなく、財政の悪化という観念上の思い込みに基づいて実行されてきた財政健全化の試みであった。

そのことは、そのような的外れな観念が日本の政治や政策の世界を支配する中で行われた一九九七年と二〇一四年の消費税増税が、その後の日本経済にどのような帰結をもたらしたかを振り返ってみれば明らかである。一九九七年の増税は、日本経済が真性の長期デフレ不況に陥る原因の一つとなった。そして二〇一四年の増税は、日本経済が未だにそこから完全に抜け出すことができない原因の一つとなっている。

†財政破綻論の生みの親としての消費税増税

現在にいたる日本の財政をめぐる論議が始まったのは、バブル崩壊によって日本経済が長期低迷に入った一九九〇年代前半のことである。その理由は明らかであり、それまではバブル景気の拡大を背景とする税収増によって改善していた日本の財政収支が、バブル崩壊後の景気悪化によって急速に悪化し始めたからである。

その時期の日本の財政赤字は、現在から見ればまったく取るに足りないものであった。

しかし、財政当局すなわち当時の大蔵省は、そうは考えなかった。大蔵省は、「一〇年に一人の大物」と呼ばれた斎藤次郎事務次官を司令塔として、盛んに政界工作を展開した。そして、一九九四年二月に、フィクサーとして政界に君臨していた小沢一郎と相謀って、時の首相であった細川護熙に、消費税を三%から七%に引き上げる「国民福祉税」構想を発表させたのである。

この国民福祉税という増税構想は、細川政権の官房長官であった武村正義などの反対によって撤回された。そして、細川連立政権は、それによって崩壊した。しかし、大蔵省は増税を決して諦めはしなかった。細川政権の崩壊を受けて、一九九四年六月に村山富市連立政権が誕生し、自民党が与党に復帰した。この村山政権では、将来的に消費税を三%から五%に引き上げることが内定された。そして、一九九六年一月には橋本龍太郎政権が誕生し、結局はこの政権の手によって一九九七年四月の消費税増税が実行されたわけである。

この橋本政権の増税によって、日本経済は戦後最悪の景気後退に陥った。それは、一九九六年頃までの緩やかな景気回復の中でそれなりに消化されているようにも見えた金融機関の不良債権が、景気の悪化によって一気に表面化したからである。その結果、一九九七年末から一九九八年にかけて、日本を代表する金融機関のいくつかが破綻した。そのようにして生じた金融危機は、速水優総裁下の日本銀行の稚拙な対応もあって、その後の日本経済に、現在にまでいたるデフレというやっかいな病を定着させる契機となったのである。

橋本政権は結局、それによって崩壊した。そして不況の最中の一九九八年七月に、小渕恵三政権が成立した。小渕政権は、橋本政権時の財政スタンスを一八〇度転換し、不況克服のための財政拡張政策を行った。その結果、景気悪化による税収減も重なって、日本の財政赤字は急激に拡大した。

小渕は一九九九年一一月に、松山市で開かれたあるシンポジウムで、「日本の総理大臣である自分は世界一の借金王になった」と自嘲気味に発言した。日本の財政破綻の可能性がメディアや経済論壇で盛んに論じられようになり、財政破綻や国債暴落を煽る書物が経済本の一大ジャンルになるのは、主にこの時期以降のことである。

日本の財政が問題視されるにいたった以上のような経緯は、日本の財政状況の悪化とそれによる財政破綻懸念を生み出した最大の原因は、皮肉にも財政健全化を目的として実行された橋本政権による一九九七年の消費税増税であったことを明らかにしている。確かに、財政赤字を拡大させる政策を実行したのは、橋本ではなく小渕である。しかし、日本経済が最悪の経済危機に落ち込んでいる以上、小渕であれ誰であれ、橋本を引き継いだ政権には財政拡張以外の選択肢は政治的に存在しなかった。そして、そのような状況を生み出したのは、明らかに橋本政権による無用な消費税増税だったのである。

†ますます危機から遠ざかってきた国債市場

こうして、「日本の財政危機」は、ある種の国民的な共通観念となった。しかしながら上述のように、それは元々、日本の財政は危機的であるというプロパガンダに基づいて実行された財政緊縮策の結果にすぎなかったのである。これは要するに、危機という観念が現実そのものをより危機に近づける方向に動かし、それが危機という観念をより強めるという、観念の悪循環である。それは、火の中に飛び込む夏の虫のように、「真の危機」を自らたぐりよせているようなものである。

幸いなことに、財政破綻なる観念の拡大にもかかわらず、現実の日本経済には、その危機の気配すら存在しない。というよりもむしろ、少なくとも国債市場の状況から判断する限り、国債暴落といった事態からはますます離れつつあるとさえいえる。

財政破綻本や国債暴落本の執筆者の多くは、いわゆる市場関係者である。また、そのような本を書くことはなくとも、自らのレポートや金融メディアでのインタビューなどを通じて、日本国債売りのポジション・トークとして財政破綻を煽る市場関係者は、海外ヘッジファンドのマネジャーなどを中心に数多い。

実際、財政悪化が問題視されるようになった小渕政権期以降、多くのヘッジファンドが

図表 5-1：日本の 10 年国債利回り（1988-2016 年）

（データ出所）財務省ホームページ

日本の財政危機を喧伝し、日本国債に売りを仕掛けてきた。しかし、それらはいずれも不発に終わり、多くのファンド・マネジャーが市場からの退場を余儀なくされた。彼らはいずれも、日本の財政破綻を煽ることで、結局は自らが破綻する羽目に陥ったわけである。そして、市場ではいつしか、日本国債の売りは「墓場トレード」と呼ばれるようになった。

その状況は、日本の国債利回りの推移が示すとおりである（**図表5－1**）。それは、バブル崩壊以降、景気循環によって変動しつつも、傾向的に低下し続けてきた。つまり、日本国債の価格は、暴落するどころか、傾向的に上昇し続けてきたのである。小渕政権以降に生じたいわゆる「日本の財政悪化」は、国債市場にはほとんど何の影響も与えなかったということである。

†貯蓄過剰がより顕在化しつつある世界経済

このように、日本ではバブル崩壊以降、財政赤字の拡大にもかかわらず、国債金利は傾向的に低下し続けてきた。これは、市場が日本の財政破綻というストーリーをまったく信じてはいないことを示すという意味では、歓迎すべきことである。

しかしながら、金利が上がらないという事実それ自体は、決して望ましいことではない。というのは、国債金利の低下とは、何よりも日本経済に大きな貯蓄超過とデフレ・ギャップが存在していることを示すものだからである。事実、日本経済はその間、高い失業率とデフレに悩まされ続けてきたのである。

日本の国債金利がバブル崩壊以降これだけ低くなったのは、需要不足によって日本経済の民間部門に投資機会が不足し、多くの金融機関が国債で運用する以外の選択肢を見出しにくくなったからである。ただし二〇一三年以降の国債金利低下に関しては、黒田日銀が実行した異次元金融緩和の影響が大きい。しかし、それもまた、日本経済に依然として大きなデフレ・ギャップが残されており、結果としてデフレからの完全脱却が達成できていないという状況の反映と考えることができる。

おそらく、これから日本経済のデフレ・ギャップが順調に縮小し続け、完全失業率がさらに低下して完全雇用に近づけば、国債金利も徐々に上昇し始めることになるであろう。それは、マクロ経済政策の本来的な目標が達成されつつあることを示しているという意味では、基本的にはきわめて喜ばしいことである。

ところが、健全財政派の論者たちは、「国債金利の急上昇や国債暴落というリスクが高まるのは、まさしく政策目標が達成されたこの出口においてであり、だからこそ金利上昇が始まる前のできるだけ早いうちに増税などによって財政再建を行うべきだ」と主張する。その考え方は、どれだけ正しいのであろうか。

確かに、デフレ・ギャップが消えた後に、インフレ・ギャップが急速に拡大し続ける状況が続けば、物価や賃金の上昇ペースが速まり、急速な金利上昇が生じる可能性はある。事実、そのような「インフレ・スパイラル」は、一九八〇年代前半までの世界経済では、決して珍しいことではなかった。

しかしここで考慮すべきは、少なくとも二〇〇〇年代以降の世界経済では、インフレの加速や金利の急上昇のような現象は、景気拡大期においてさえまったく起きてこなかったという事実である。FRB理事時代のベン・バーナンキが、二〇〇五年の講演「世界的貯蓄過剰とアメリカの経常収支赤字」(Bernanke [2005]) で論じていたように、そこで生じていたのはむしろ、それとは逆の現象であった。

バーナンキがこの世界的貯蓄過剰（The Global Saving Glut）という問題提起を行った二〇〇五年とは、アメリカのサブプライム住宅バブルがまさにそのピークに達しようとしていた時期であった。しかし、そのような景気拡大期においてさえ、アメリカの長期国債金利は、四％前後という、当時としては歴史的に低い水準に保たれていた。バーナンキは、それを可能にしたのは中国に代表される新興諸国の貯蓄過剰であり、それが国際資本移動という形でアメリカへ流入したことによるものであることを指摘したのである。

この時期のＦＲＢ議長アラン・グリーンスパンは、退任後に著した自伝『波乱の時代』(Greenspan［2007］）の中で、二〇〇四年頃からＦＲＢが政策金利を引き上げ始めたにもかかわらず長期金利が低いままに推移した異例の事態を改めて振り返り、それをコナンドラム（謎）と名付けている。バーナンキが二〇〇五年に提起した上の世界的貯蓄過剰仮説は、ＦＲＢ議長としての彼の前任者が在任中にＦＲＢ内部で問題提起していたはずのこの「謎」に対する「謎解き」でもあった。

この世界的貯蓄過剰問題は、アメリカのサブプライム・バブルという狂騒の中で、いったんは解消されたかに思われた。しかしそれは、リーマン・ショック後の世界大不況の中で、再びより深刻な形で表面化した。というのは、ローレンス・サマーズがその「長期停滞論」によって問題提起したように（Summers［2014］）、リーマン・ショックから既に一〇年近くが経過しているにもかかわらず、多くの先進諸国では、物価や賃金や金利の伸びはきわめて弱々しく、景気過熱やインフレを懸念するには程遠い状況が続いているからである。

†拙速な緊縮は致命的な結果をもたらす

今後の日本経済あるいは世界経済において、デフレ・ギャップがなかなか解消されないリスクと、インフレ・ギャップが拡大していくリスクのどちらが大きいかを問えば、それはどう考えても圧倒的に前者である。世界的な供給能力は今後、AI等による技術革新や既存技術のグローバルな移転によって、確実に拡大していく。他方で、医療技術の進歩による人々の寿命の伸びは、人々の貯蓄選好をより強めるように作用する。また、それによる将来的な人口構成の高齢化は、予備的貯蓄の必要性を高めることから、マクロ経済全体の貯蓄率をより高めることに帰結する。

中国経済のマクロ的状況は、その点で示唆的である。二〇〇〇年代に入って急速な経済成長を実現させた中国経済は、まさに典型的な「高貯蓄」経済であった。中国のGDPに対する民間消費の比率は、四〇%にも満たない。逆にその貯蓄の対GDP比率は、時に五〇%を越えている。その高貯蓄の原因は、公的な社会保障制度が先進諸国のようには整備されていないことにもよるが、いわゆる一人っ子政策による人口構成の高齢化によるところも大きい。そのような中国のマクロ的状況が、近い将来に大きく変わると考えるべき理由はない。

この世界的貯蓄過剰という要因が、各国のマクロ経済政策に対して持つ含意は、きわめて明白である。それは、「ありもしない高インフレや金利高騰のリスクに怯えて、拙速なマクロ緊縮政策を行ってはならない」ということである。仮にインフレ・ギャップが拡大し、多少の金利上昇が生じたところで、世界的な貯蓄過剰のもとでは、海外からの資本流入によって直ちに抑制されてしまう。逆に、インフレ・ギャップが拡大してもいない中で行われる増税などの緊縮策は、一九九七年や二〇一四年の日本の消費税増税がそうであったように、経済を確実にオーバーキルし、時には致命的な景気悪化をもたらすことになる。

その点で、安倍政権による二度にわたる消費税増税の延期は、きわめて正しい判断であった。しかしながら、二〇一九年に再度の消費税増税が予定されている日本経済は、依然としてその同じリスクに直面しているのである。

4. 政府債務はどこまで将来世代の負担なのか

†非現実的そのものであった財政規律崩壊論

これまでの増税必要論の多くは、日本財政の破綻可能性を根拠としていた。前節では、そのような批判は基本的に的外れであることを論じた。

日本の政府財政が本当に破綻に向かっているのであれば、そのことが国債市場に反映されて、リスク・プレミアムの拡大による国債金利の上昇が生じているはずである。しかし現実には、一九九〇年前後のバブル崩壊以降の持続的な「財政悪化」にもかかわらず、日本国債の金利は傾向的に低下し続けてきた。これは、少なくとも市場関係者たちの大多数は、日本の財政破綻というストーリーをまったく信じていないことを意味している。

それに対して、国債金利がこれまで低下してきたのは、単に日銀が国債を買い入れる「財政ファイナンス」を行っているからであり、そのような「不健全な」手段によって財政赤字を隠蔽しているからにすぎないという主張も存在する。

黒田日銀が国債の買い入れを拡大したことが国債金利のより一層の低下につながったと

いうのは、まったくその通りであろう。そもそも、異次元金融緩和政策の目的の一つは、長期国債等のリスク・プレミアム低下をうながし、市場金利を全体として引き下げることにあった。つまり、国債金利の低下は、単に金融緩和政策の効果が目論み通りに発揮された現れにすぎない。

日銀の国債買い入れを批判し続けてきた論者たちはしばしば、そのような「財政ファイナンス」が行われれば、政府の財政規律が失われ、国債金利が上昇し、財政破綻やハイパーインフレが現実化すると論じてきた。しかし、現実に起きたことは、まったくその逆であった。彼ら財政破綻派は少なくとも、日銀の国債買い入れによって国債金利は急騰するというその脅しめいたストーリーが誤っていたことは認めるべきであろう。

ところで、増税などを早期に行って日本の財政を健全化すべきという政策的主張には、より慎重に考慮されるべき、もう一つの論拠が存在する。それは、「政府債務は将来世代の負担であるから、現世代は可能な限りそれを減らすべき」とする、政府債務の将来世代負担論である。以下ではその問題を考察する。

†通説としての「老年世代の食い逃げ」論

政府が財政支出を行い、それを税ではなく赤字国債の発行で賄うとしよう。つまり、政府が債務を持つとしよう。そして、政府はその債務を、将来のある時点に、税によって返済するとしよう。

このような単純な想定で考えた場合、増税が先延ばしされればされるほど、財政支出から便益を受ける世代と、それを税によって負担する世代が引き離されてしまうことになる。これが、通説的な意味での「政府債務の将来世代負担」である。

経済をモデル化する一つの枠組みに、若年と老年といった年齢層が異なる複数の世代が各時点で重複して存在しているという「世代重複モデル」と呼ばれるものがある。政府債務の将来世代負担論は、この枠組みを用いるのが最も考えやすい。

そこで、仮に老年世代の寿命が尽きたあとに増税が行われるとすれば、彼らは税という「負担」をまったく負うことなく、財政支出の便益だけを享受できることになる。そして、その税負担はすべてそれ以降の若年世代が負うことになる。

つまり、世代重複モデル的に考えた場合には、増税が先になればなるほど「現在および将来の若い世代」の負担が増える。それは要するに、老年の残り寿命が若年のそれよりも短いからである。老年は、その残り寿命が短ければ短いほど、自らは税負担を免れ、それをより若い世代に押し付ける可能性が強まる。その意味で、この政府債務の将来世代負担論は、「老年世代の食い逃げ」論とも言い換えることができる。

†アバ・ラーナーによる将来世代負担否定論

こうした通説的な政府債務の将来世代負担論に対しては、よく知られた反論が存在する。それは、初期ケインジアンを代表する経済学者の一人であったアバ・ラーナーによる、政府債務将来世代負担への否定論である（Lerner [1948]）。

このラーナーの議論の結論は、「国債が海外において消化される場合には、その負担は将来世代に転嫁されるが、国債が国内で消化される場合には、負担の将来世代への転嫁は存在しない」というものであった。ラーナーによれば、租税の徴収と国債の償還が一国内で完結している場合には、それは単に国内での所得移転にすぎない。ラーナーはそれについて、以下のように述べている。

もしわれわれの子供たちや孫たちが政府債務の返済をしなければならないとしても、その支払いを受けるのは子供たちや孫たちであって、それ以外の誰でもない。彼らをすべてひとまとまりにして考えた場合には、彼らは国債の償還によってより豊かになっているわけでもなければ、債務の支払いによってより貧しくなっているわけでもないのである（Lerner [1948] p. 256）。

このラーナーの議論には、いくつか注意すべきポイントが存在する。第一に、ここで言われている「将来世代」は、世代重複モデル的な把握ではなく、将来のある時点に存在する人々を老若含めてひとまとまりにしたものとして考えられている。つまり、「一九五〇年生まれ世代」とか「二〇〇〇年生まれ世代」という区分ではなく、「一九五〇年に生存していた世代」とか「二〇〇〇年に生存していた世代」といったような世代区分が想定されているのである。

第二に、ラーナーの議論における「負担」は、単に税負担を意味するのではなく、「国民全体の消費可能性の減少」として考えられている。ラーナーは、赤字財政政策の結果としての「負担」は、右の意味での将来世代の経済厚生あるいは消費可能性が全体として低下した場合においてのみ生じると考える。そこでの焦点は、将来世代の所得や支出が現世代の選択によって低下させられているのか否かである。

たとえば、戦争の費用を国債発行で賄い、その国債をすべて自国民が購入したとしよう。その場合、現世代の国民は国債購入のために自らの支出を切り詰めるという「負担」を既に被っているので、将来世代の国民が支出を切り詰める必要はない。将来世代は単に、戦費負担を一時的に引き受けてくれた国債保有者への見返りとして、増税による国債償還という形で、より大きな所得の分け前を提供すればよい。それは、純粋に国内的な所得分配問題である。

それに対して、戦費が外債の発行によって賄われる場合には、現世代は戦争だからといって支出を切り詰める必要はない。戦争のための支出は、現世代の国民の耐乏によってではなく、その時代の他国民の耐乏によって実現されているからである。ただし、将来世代はその見返りとして、増税によって自らの支出を切り詰めて他国民に債務を返済する必要がある。

つまり、将来世代の消費可能性は、現世代が国債を購入してその支出を自ら負担するのか、国債を購入せずに海外からの借り入れに頼るのかによって異なる。前者の場合には将来世代の負担は発生しないが、後者の場合にはそれが発生する。これが、ラーナーが明らかにした「負担」問題の本質である。

†ラーナーの負担否定論の意義と問題点

このラーナーの議論は、政府債務負担問題についてのありがちな誤解を払拭する上では、大きな意義を持っている。人々はしばしば、赤字財政によって生じる政府債務に関して、家計が持つ債務と同じように「将来の可処分所得がその分だけ減ってしまう」かのように考えがちである。それは、財政赤字が外債によって賄われている場合にはその通りであるが、自国の国債によって賄われている場合にはそうとはいえない。

というのは、人々の消費可能性は常にその時点での生産と所得のみによって制約されているのであり、政府債務や税負担の大きさとは基本的に無関係だからである。政府債務がどれだけ大きくても、それが国内で完結している限り、必ずそれと同じだけの債権保有者が存在するのだから、その債務は一国全体ではすべてネットアウトされる。

他方で、このラーナーの議論には、一つの大きな問題点が存在する。それは、「赤字国債の発行が将来時点における一国の消費可能性そのものを縮小させる」可能性を十分に考慮していない点である。

一般には、政府がその支出を赤字国債の発行によって賄えば、資本市場が逼迫して金利が上昇するか、対外借り入れが増加して経常収支赤字が拡大するか、あるいはその両方が生じる。

一九八〇年前半にアメリカのロナルド・レーガン政権は、レーガノミクスの名の下に大規模な所得減税政策を行ったが、その時に生じたのが、この金利上昇と経常収支赤字の拡大であった。金利の上昇とは民間投資がクラウドアウトされたことを意味し、それは一国の将来の生産可能性が縮小したことを意味するから、一国の将来の消費可能性はその分だけ縮小する。また、外債に関する先の議論から明らかなように、一国の対外借り入れの増加とは、将来世代の負担そのものである。

ただし、赤字国債の発行が民間投資減少や経常収支赤字拡大をもたらすその程度は、経済が完全雇用にあるか不完全雇用にあるかで大きく異なる。所得の拡大余地が存在しない完全雇用経済では、国債発行によって政府が民間需要を奪えば、それは即座に民間投資のクラウドアウトや海外からの借り入れ増加につながる。

しかし、ケインズ的な財政乗数モデル（四五度線モデル）が示すように、不完全雇用経済では、国債発行による政府支出の増加によって所得それ自体が拡大するため、貯蓄も同時に拡大する。その結果、金利上昇や経常収支赤字拡大は完全雇用時よりも抑制される。つまり、赤字財政政策による「将来世代の負担」の程度は、不完全雇用時は完全雇用時よりも小さくなる。その意味で、「赤字国債発行による将来世代への負担転嫁は存在しない」というラーナー命題がより高い妥当性を持つのは、財政赤字拡大がそれほど大きな投資減少や対外借り入れ拡大に結びつかないような不完全雇用経済においてなのである。

†「若い世代のための早期増税」は妥当とはいえない

以上の議論を踏まえた上で、以下では、早期増税の必要性を「若年世代の負担の軽減」

に求める議論が、現状の日本経済においてどれだけ妥当性を持つかを考えてみることにしよう。

確かに、世代重複モデル的に考えた場合には、増税の時期を早めれば早めるほど、年長の世代が生涯において負う税負担が増え、より若い世代が負う税負担減る。とはいえ、この点だけを根拠に増税を早期に行うとすれば、それはおそらく将来の日本経済に大きな禍根を残すことになる。

ラーナーの議論の最も重要なポイントは、「将来の世代の経済厚生にとって重要なのは、将来において十分な生産と所得が存在することであり、政府債務の多寡ではない」という点にある。仮に早期の増税によってより若い世代が負う税負担が多少減ったとしても、それによって生産と所得それ自体が減ってしまっては、まったく本末転倒である。そして、「失われた二〇年」とも言われるバブル崩壊後の日本経済においては、まさしくその本末転倒が生じていたのである。

前節で論じたように、日本経済の長期デフレ化をもたらした一つの大きな契機は、橋本龍太郎政権が行った一九九七年の消費税増税であった。そして、それ以降の長期デフレ不況の中で最も痛めつけられてきたのは、ロスト・ジェネレーションとも呼ばれている、その当時の若年層であった。前章で論じたように、そのツケはきわめて大きく、それは単に彼ら世代の勤労意欲や技能形成の毀損には留まらず、日本の少子化といった問題にまで及んでいる。

結果としては、この早まった消費税増税は、若い世代の所得稼得能力を将来にわたって阻害しただけでなく、デフレ不況の長期化による政府財政の悪化をもたらし、将来世代が負うことになる税負担をより一層増やしてしまったのである。つまり、「将来世代の負担軽減」を旗印に行われた消費税増税は、皮肉にも彼ら世代に対して、所得稼得能力の毀損と税負担の増加という二重の負担を押し付けるものとなってしまったのである。

この一九九〇年代後半以降の日本経済は、恒常的なデフレと高失業の状態にあった。つまり、一貫して不完全雇用の状態にあった。そして、小渕政権時のような大規模な赤字財政政策が実行された時期においてさえ、国債金利はきわめて低く保たれ、大きな経常収支黒字が維持され続けてきた。これは、赤字財政による将来世代への負担転嫁は存在しないというラーナー命題が、ほぼ字義通りに当てはまっていたことを意味している。

それとは逆に、日本で行われた不況下の増税は、若い世代が将来的に負う負担を減らすのではなく、むしろそれを増やしてきた。それは、不況下の増税がとりわけ若い世代の雇用と所得に大きな影響を及ぼすものである以上、まったく当然のことであった。

結局のところ、経済が不完全雇用である限り、職からはじき出されがちな若い世代の雇用の確保の方が、彼らへの多少の税負担軽減よりもはるかに優先度が高いということになるのである。

おわりに

†アベノミクス後の日本経済

本書ではこれまで、アベノミクスの五年間で達成された成果を、さまざまな指標から確認した。本書はそこで、日本経済が確かに「失われた二〇年」以前のそれを取り戻しつつあることを示した。

本書はさらに、アベノミクスの「出口」に関して論じられている議論の正否を、事実と論理に基づいて吟味した。そこで得られた結論は、「出口を怖れる必要は何もない」であり、したがって「政府と日銀は何よりも目標の達成に邁進すべきである」であった。

とはいえ、話はそれで終わりというわけではない。確かに、アベノミクスの目標であるデフレ脱却は、日本経済が正常な成長軌道に復帰するための必要条件である。財政再建にしても経済格差是正にしても、デフレのままでそれを行うというのは無謀きわまりないことであり、重病人を寒風にさらすに等しい。しかしだからといって、デフレ脱却さえ達成されれば日本経済が抱えるあらゆる課題が何をしなくとも自然に解決されるというわけでは決してない。

日本の経済と社会は、アベノミクス以前の二〇年間にわたるデフレ不況期に、大きな損傷を受け続けた。それは具体的には、経済格差の拡大であり、貧困世帯の増加であり、若年層における労働技能形成の毀損であり、少子化のさらなる深刻化である。仮にデフレ脱却が近い将来に完遂されるにしても、これらの問題は一朝一夕では解決されない。

それは、経済学における「履歴効果」という概念が示すように、経済における時間の推移は不可逆的なものだからである。それらは現在、デフレ経済の「負の遺産」として、日本経済に深くビルトインされている。それらを払拭するには、デフレ脱却後においても、所得再分配の強化をはじめとしたさまざまな政策的努力が必要となる。

しかしながら、そうした努力を積み重ねていき、それが相応の効果を持ったとしても、長期趨勢としての日本の少子高齢化傾向を短期間に反転させることは難しい。おそらくは、少なくとも今後の二十年あるいは三十年は、日本の生産年齢人口は減少し続け、労働力の年齢構成は高まり続けることを覚悟しなければならない。

そこで必要になるものこそが、本来の意味での成長戦略である。すなわち、潜在成長率の引き上げを目的としたサプライサイドの制度改革である。少子高齢化が不可避である以上、その焦点は、人々の持つ人的資本としての労働技能をいかに高め、活用するのかに置かれるべきである。さしあたりは、正規雇用からはじき出されていた就職氷河期世代の再教育支援、労働慣行の柔軟化を通じた女性や高齢者の雇用促進などが焦眉の課題であろう。

安倍政権は二〇一五年秋に、アベノミクス「新・三本の矢」の目標として「一億総活躍社会の実現」を掲げた。それは、この人的資本の活用促進という意味では、きわめて時宜にかなったものといえる。

†雇用が確保されてこそ人々に行き渡る技術革新の果実

このように、日本経済がデフレ脱却を果たせば、政策の焦点は基本的には需要側から供給側に移る。とはいえ、アベノミクスの理念そのものがそのことで無意味になるわけではまったくない。というのは、完全雇用を実現させ、適切なインフレ率を維持するという意味での物価安定を実現させることは、どのような経済状況であっても、政府と中央銀行による経済政策の第一義的な目標だからである。

いくら技術革新等による生産性の上昇が生じたとしても、十分な雇用が確保されているのでない限り、その恩恵が人々に行き渡ることはない。実際、総需要不足によって不完全雇用となっている経済では、労働生産性の上昇は、所得の増加よりも雇用のさらなる縮小に結びつきがちである。技術の進歩が人々をより豊かにすることができるのは、もっぱら雇用と物価の安定という意味でのマクロ安定化が実現されている経済においてなのである。

本論で論じたように、完全雇用が実現されている経済では、十分な労働需要が存在する結果として、賃金は少なくとも物価以上に上昇する。すなわち、実質賃金が上昇する。それこそが、技術革新による生産性上昇の果実である。

生産性の上昇とは、既存の労働力によって生産可能な財貨サービスが拡大することを意味するから、本来であれば人々の消費可能性は必ず増大する。しかし、需要が不十分であるために失業すなわち労働力の遊休が拡大するような場合には、人々の消費可能性は必ずしも拡大しない。この二つの状況のどちらが現実化するのかは、まさしく十分な需要そして十分な雇用が確保されているか否かに依存する。

人類はこれまで、膨大な科学的知識を蓄積し続けてきた。経済の趨勢的な成長とは、基本的には、この科学的知識の応用による財貨サービスの生産拡大によってもたらされたものである。科学的真理や技術の発見に物理的限界は存在しないから、それは今後も進展し続けるであろう。そのことは、生産性の上昇に限界はないということを意味する。

しかしながら、そのことは必ずしも人々の豊かさには直結しない。というのは、上述のように、技術革新の進展は、ある場合には社会全体の消費可能性を拡大させるが、別の場合には労働者をその職から追いやって失業を増やすだけに終わるからである。

近年、人工知能（ＡＩ）が急速に実用化され始めたことで、それがわれわれの経済と社会に大きな変革をもたらすことが期待されている。その期待とは要するに、「人々があくせく働かなくてもよい社会」の到来である。しかし、人々は他方で、それが「多くの人々が職を奪われる社会」である可能性を強く危惧している。つまり、人々はこの二つの可能性の間を、すなわち楽観と悲観の間を行き来しているのである。

†ケインズの楽観論が意味するもの

この技術の進歩が人々の生活をどう変えるのかという問題に関して、とびきりの楽観論を、それも世界大恐慌という経済史上の最大の惨禍の最中に開陳した人物がいる。それは、あのジョン・メイナード・ケインズである。

ケインズは一九三〇年に、「わが孫たちの経済的可能性」（Keynes［1972］）と題されたエッセイを公表した。ケインズはそこで、技術革新と資本蓄積が不可避的に進展する結果として、百年後の世界では人類の経済問題は基本的に解決されるだろうと述べた。すなわち、人々はもはや生存手段の獲得のためにあくせく働く必要はなくなり、余暇を心ゆくまで楽しめるようになるだろうというのである。

ケインズは他方で、現状では技術の進歩によって多くの人々が失業し、むしろ貧困の中に追いやられる結果になっていることを十分に認めている。にもかかわらず、ケインズは技術進歩の帰結を、そこであえて楽観的に描き出した。

それはおそらく、この技術の進歩を、失業と貧困にではなく、人々の経済的可能性の拡大の方に結び付けるための方策に関して、ケインズが既に一定の確信を持っていたからであろう。その方策とは要するに、ケインズがその後の『一般理論』(一九三六年)で体系化したマクロ安定化のための経済政策、すなわち金融政策および財政政策である。

マクロ経済政策すなわち金融政策と財政政策は、しばしば「短期」の成長促進政策にすぎないとされる。つまり、経済成長の本質は生産性上昇のような「長期」の要因の方にあるというわけである。アベノミクス「三本の矢」に関しても、マスメディアではしばしば、第一の矢=金融政策と第二の矢=財政政策は「時間稼ぎ」であり、その本丸は第三の矢=成長戦略にあるといった主張がなされてきた。

確かに、マクロ経済政策は、生産技術の改善や生産性の上昇を直接的にもたらすものではない。そもそも、それらはマクロ経済政策の目標でない。その目標はあくまでも、一国経済全体の総需要の調整にある。

しかしながら、それはマクロ経済政策が長期的に重要でないということを意味するのではまったくない。というのは、いくら技術進歩によって長期的な成長可能性が高まったとしても、経済が需要不足にある限り、その可能性が現実化されることはないからである。その意味では、経済のマクロ的安定化は、まさしく人々の経済的可能性の拡大のための長期的な基礎条件なのである。

【参考文献】

雨宮正佳［2017］「イールドカーブ・コントロールの歴史と理論」日本銀行二〇一七年一月一一日（http://www.boj.or.jp/announcements/press/koen_2017/data/ko170111a1.pdf）

伊藤裕香子［2013］『消費税日記』プレジデント社

岩田規久男［1994］「なぜ日銀は、実質的〝引き締め〟を続けるのか」『週刊エコノミスト』一九九四年一月四日号

岩田規久男［1995］「公定歩合〝ゼロ％〟の根拠」（特集「平成デフレ長期化　超低金利時代」）『週刊エコノミスト』一九九五年七月一一日号

岩田規久男編［2003］『まずデフレをとめよ』日本経済新聞社（二〇一三年に『日本経済再生――まずデフレをとめよ』として復刻）

岩田規久男編［2004］『昭和恐慌の研究』東洋経済新報社

岩田規久男・宮川努編［2003］『失われた一〇年の真因は何か』東洋経済新報社

木村剛［2003］『竹中プランのすべて――金融再生プログラムの真実』アスキーコミュニケーションズ

新保生二［1994］「資産デフレ克服には金融政策を――米英から何を学ぶか」『日本経済研究センター会報』一九九四年四月一日号

東洋経済［2016］「特集／『子なし』の真実」『週刊東洋経済』二〇一六年七月九日号

中川秀直［2006］『上げ潮の時代――GDP一〇〇〇兆円計画』講談社
日本銀行［2014］「総裁記者会見要旨」二〇一四年四月九日（https://www.boj.or.jp/announcements/press/kaiken_2014/kk1404a.pdf）
野口旭［2015］『世界は危機を克服する――ケインズ主義』東洋経済新報社
野口旭編［2007］『経済政策形成の研究――既得観念と経済学の相克』ナカニシヤ出版
野口旭・白井さゆり「【ヘリコプターマネーの正体】激突対談！ リフレ派経済学者・野口旭VS元日銀審議委員・白井さゆり」『週刊エコノミスト』二〇一六年八月二日号
野口旭・田中秀臣［2001］『構造改革論の誤解』東洋経済新報社
浜田宏一［2016］「金融緩和を続けながら財政出動を」『週刊エコノミスト』二〇一六年一二月二七日号
浜田宏一・安倍晋三［2012］「官邸で感じた日銀、財務省への疑問。経済成長なしに財政再建などありえない」『現代ビジネス』二〇一二年一一月二九日号
浜田宏一・堀内昭義・内閣府経済社会総合研究所編［2004］『論争 日本の経済危機――長期停滞の真因を解明する』日本経済新聞社
原田泰・岡本慎一［2001］「水平なフィリップスカーブの恐怖――90年代以降の日本経済停滞の原因」『週刊東洋経済』二〇〇一年五月一九日号
原田泰・片岡剛士・吉松崇編［2017］『アベノミクスは進化する』中央経済社
福沢諭吉［1995］『文明論之概略』岩波文庫
宮尾尊弘［1993］「死に至る病『真性デフレ不況』の診断と治療法」『月刊Asahi』一九九三年一二月号

宮尾尊弘［1994］「デフレ下の価格破壊は日本経済を破壊する」（特集「価格破壊は日本を救うか」）『週刊エコノミスト』一九九四年七月二六日号
宮尾尊弘［1995a］「平成デフレーションの時事刻々」（特集「デフレ経済の真実」）『週刊エコノミスト』一九九五年六月二〇日号
宮尾尊弘［1995b］「デフレは第二段階に突入　不動産危機救う『調整インフレ』」（特集「大救済・日本経済」）『週刊エコノミスト』一九九五年七月一八日号
吉松崇「中央銀行の出口の危険とは何か」（原田・片岡・吉松編［2017］に所収）
Bagehot, Walter［1999］*Lombard Street: A Description of the Money Market*, Wiley（ウォルター・バジョット、久保恵美子訳『ロンバード街』日経BPクラシックス、二〇一一年）
Bernanke, Ben S.［2003］"Some Thoughts on Monetary Policy in Japan," Remarks by Governor Ben S. Bernanke before the Japan Society of Monetary Economics, Tokyo, Japan, May 31.
Bernanke, Ben S.［2005］"The Global Saving Glut and the U. S. Current Account Deficit," Remarks by Governor Ben Bernanke at the Sandridge Lecture, Virginia Association of Economics, Richmond, Virginia, March 10.
Fisher, Irving［1933］"The Debt-Deflation Theory of Great Depressions," *Econometrica*, Vol. 1, No. 4.
Greenspan, Alan［2007］*The Age of Turbulence: Adventures in a New World*, Penguin Press（アラン・グリーンスパン、山岡洋一・高遠裕子訳『波乱の時代（上）（下）』日本経済新聞出版社、二〇〇七年）

Keynes, John Maynard [1972] *The Collected Writings of John Maynard Keynes, Vol.9, Essays in Persuasion*, Macmillan（宮崎義一訳『ケインズ全集第9巻　説得論集』東洋経済新報社、一九八一年）

Keynes, John Maynard [1973] *The Collected Writings of John Maynard Keynes, Vol. 7, The General Theory*, Macmillan（塩野谷祐一訳『ケインズ全集第7巻　雇用・利子および貨幣の一般理論』東洋経済新報社、一九八三年）

Lerner, Abba P. [1948] "The Burden of the National Debt," in Lloyd A. Metzler et al. (eds.), *Income, Employment and Public Policy, Essays in Honour of Alvin Hanson*, W. W. Norton.

Sargent, Thomas [1982] "The Ends of Four Big Inflations," in Robert E. Hall (ed.), *Inflation: Causes and Effects*, University of Chicago Press（国府田桂一・鹿野嘉昭・榊原健一訳『合理的期待とインフレーション』東洋経済新報社、一九八八年、に所収）

Summers, Lawrence H. [2014] "U.S. Economic Prospects: Secular Stagnation, Hysteresis, and the Zero Lower Bound," *Business Economics*, Vol. 49, No. 2.

Vogel, Ezra [1979] *Japan As Number One: Lessons for America*, Harvard University Press（エズラ・F・ヴォーゲル、広中和歌子・木本彰子訳『ジャパン・アズ・ナンバーワン―アメリカへの教訓』TBSブリタニカ、一九七九年）

ちくま新書
1316

アベノミクスが変《か》えた日本経済《にほんけいざい》

二〇一八年三月一〇日　第一刷発行

著者　野口旭（のぐち・あさひ）

発行者　山野浩一
発行所　株式会社 筑摩書房
東京都台東区蔵前二-五-三　郵便番号一一一-八七五五
振替〇〇一六〇-八-四一二三
装幀者　間村俊一
印刷・製本　株式会社 精興社

乱丁・落丁本の場合は、左記宛にご送付ください。
送料小社負担でお取り替えいたします。
ご注文・お問い合わせも左記へお願いいたします。
〒三三一-八五〇七　さいたま市北区櫛引町二-六〇四
筑摩書房サービスセンター　電話〇四八-六五一-〇〇五三

ISBN978-4-480-07123-1 C0233

ちくま新書

002
経済学を学ぶ
岩田規久男
交換と市場、需要と供給などミクロ経済学の基本問題から財政金融政策などマクロ経済学の基礎までを、現実の経済問題に即した豊富な事例で説く明快な入門書。

035
ケインズ
――時代と経済学
吉川洋
マクロ経済学を確立した20世紀最大の経済学者ケインズ。世界経済の動きとリアルタイムで対峙して財政・金融政策の重要性を訴えた巨人の思想と理論を明快に説く。

065
マクロ経済学を学ぶ
岩田規久男
景気はなぜ変動するのか。経済はどのようなメカニズムで成長するのか。なぜ円高や円安になるのか。基礎理論から財政金融政策まで幅広く明快に説く最新の入門書。

336
高校生のための経済学入門
小塩隆士
日本の高校では経済学をきちんと教えていないようだ。本書では、実践の場面で生かせる経済学の考え方をわかりやすく解説する。お父さんにもピッタリの再入門書。

512
日本経済を学ぶ
岩田規久男
この先の日本経済をどう見ればよいのか？　戦後高度成長期から平成の「失われた一〇年」までを学びなおし、さまざまな課題をきちんと捉える、最新で最良の入門書。

565
使える！　確率的思考
小島寛之
この世は半歩先さえ不確かだ。上手に生きるには、可能性を見積もり適切な行動を選択する力が欠かせない。確率のテクニックを駆使して賢く判断する思考法を伝授！

701
こんなに使える経済学
――肥満から出世まで
大竹文雄編
肥満もたばこ中毒も、出世も談合も、経済学的な思考を上手に用いれば、問題解決への道筋が見えてくる！　経済学のエッセンスが実感できる、まったく新しい入門書。

ちくま新書

921 お買い物の経済心理学 ——何が買い手を動かすのか　徳田賢二

我々がモノを買う現場は、買い手と売り手の思惑がぶつかり合う場所である。本書は、経済学の知見をもとに売買の原理を読み解き、読者を賢い買い方へと案内する。

926 公務員革命 ——彼らの〈やる気〉が地域社会を変える　太田肇

地域社会が元気かどうかは、公務員の〝やる気〟にかかっている！　彼らをバッシングするのではなく、積極性を引き出し、官民一丸ですすめる地域再生を考える。

928 高校生にもわかる「お金」の話　内藤忍

お金は一生にいくら必要か？　お金の落とし穴って何だ？　ＡＫＢ48、宝くじ、牛丼戦争など、身近な喩えでわかりやすく伝える、学校では教えない「お金の真実」。

930 世代間格差 ——人口減少社会を問いなおす　加藤久和

年金破綻、かさむ医療費、奪われる若者雇用——。年齢によって利害が生じる「世代間格差」は、いかに解消できるか？　問題点から処方箋まで、徹底的に検証する。

931 20代からのファイナンス入門 ——お金がお金を生む仕組み　永野良佑

一見複雑に思える金融のメカニズム。しかし、基礎の考え方さえ押さえておけば、実はすべてが腑に落ちる仕方で理解できる。知識ゼロから読めるファイナンス入門。

959 円のゆくえを問いなおす ——実証的・歴史的にみた日本経済　片岡剛士

なぜデフレと円高は止まらないのか？　このまま日本経済は停滞したままなのか？　大恐慌から現代へいたる為替と経済政策の分析から、その真実をときあかす。

962 通貨を考える　中北徹

「円高はなぜ続くのか」「ユーロ危機はなぜくすぶり続けるのか」。こうした議論の補助線として「財政」と「決済」に光をあて、全く新しい観点から国際金融を問いなおす。

ちくま新書

973
本当の経済の話をしよう
若田部昌澄／栗原裕一郎
難解に見える経済学も、整理すれば実は簡単。わかりやすさで定評のある経済学者・若田部昌澄に、気鋭の評論家・栗原裕一郎が挑む、新しいタイプの対話式入門書。

1006
高校生からの経済データ入門
吉本佳生
データの収集、蓄積、作成、分析。数字で考える「頭」は、情報技術では絶対に買えません。高校生でも、そして大人でも、分析の技法を基礎の基礎から学べます。

1011
チャイニーズ・ドリーム
——大衆資本主義が世界を変える
丸川知雄
日本企業はなぜ中国企業に苦戦するのか。その秘密は、カネも技術もなくても起業に挑戦する普通の庶民のハングリー精神と、彼らが生み出すイノベーションにある！

1015
日本型雇用の真実
石水喜夫
雇用流動化論は欺瞞である。日本型雇用は終わっていない。労働力を商品と見て、競争を煽ってきた旧来の労働経済学を徹底批判。働く人本位の経済体制を構想する。

1023
日本銀行
翁邦雄
アベノミクスで脱デフレに向けて舵を切った日銀は、本当に金融システムを安定させられるのか。金融政策の第一人者が、日銀の歴史と多難な現状を詳しく解説する。

1042
若者を見殺しにする日本経済
原田泰
社会保障ばかり充実させ、若者を犠牲にしている日本経済に未来はない。若年層が積極的に活動し、失敗しても取り返せる活力ある社会につくり直すための経済改革論。

1046
40歳からの会社に頼らない働き方
柳川範之
誰もが将来に不安を抱える激動の時代を生き抜くには、どうするべきか？「40歳定年制」で話題の経済学者が、新しい「複線型」の働き方を提案する。

ちくま新書

1058 定年後の起業術　津田倫男
人生経験豊かなシニアこそ、起業すべきである――第二の人生を生き甲斐のあふれる実り豊かなものにしたいあなたに、プロが教える、失敗しない起業のコツと考え方。

1061 青木昌彦の経済学入門――制度論の地平を拡げる　青木昌彦
社会の均衡はいかに可能なのか？　現代の経済学を主導した碩学の知性を一望し、歴史的な連続／不連続性のなかで、ひとつの社会を支えている「制度」を捉えなおす。

1069 金融史の真実――資本システムの一〇〇〇年　倉都康行
懸命に回避を試みても、リスク計算が狂い始めるとき、金融危機は繰り返し起こる。「資本システム」の歴史を概観しながら、その脆弱性と問題点の行方を探る。

1228 「ココロ」の経済学――行動経済学から読み解く人間のふしぎ　依田高典
なぜ賢いはずの人間が失敗をするのか？　自明視されてきた人間の合理性を疑い、経済学、心理学、脳科学の最新知見から、矛盾に満ちた人間のココロを解明する。

1260 金融史がわかれば世界がわかる【新版】――「金融力」とは何か　倉都康行
金融取引の相関を網羅的かつ歴史的にとらえ、資本主義がどのように発展してきたかを観察。旧版を大幅に改訂し、実務的な視点から今後の国際金融を展望する。

1274 日本人と資本主義の精神　田中修
日本経済の中心で働き続けてきた著者が、日本人の精神から、日本型資本主義の誕生、歩み、衰退の流れを様々な資料から丹念に解き明かす。再構築には何が必要か？

1276 経済学講義　飯田泰之
ミクロ経済学、マクロ経済学、計量経済学の主要3分野をざっくり学べるガイドブック。体系を理解して、大学で教わる経済学のエッセンスをつかみとろう！